Lähijohtamisen taito

Lyhyt opas esihenkilöille

Ari Montonen

Lähijohtamisen taito

Lyhyt opas esihenkilöille

ISBN: 978-952-80-8277-4

Kustantaja: BoD · Books on Demand GmbH, Helsinki, Suomi
Kirjapaino: Libri Plureos GmbH, Hampuri, Saksa

Sisällys

Johdanto

Johtaminen kehittyy ja muuttuu jatkuvasti. Lähijohtaminen, jossa esihenkilö on tiiviissä vuorovaikutuksessa tiiminsä kanssa, on nykyään paitsi tehokkuuden ja hyvinvoinnin kivijalka, myös valtti työnantajamarkkinoilla. Tämä opas on luotu tukemaan esihenkilöitä heidän työssään ja tarjoamaan heille käytännön työkaluja ja näkökulmia, jotka auttavat johtamaan tiimejä tehokkaasti ja motivoivasti.

Lähijohtaminen on paljon enemmän kuin pelkkää tehtävien jakamista ja tulosten seuraamista. Se on ennen kaikkea ihmisten johtamista – vuorovaikutusta, tukemista ja inspiroimista. Hyvä lähijohtaja osaa kuunnella, antaa rakentavaa palautetta, käsitellä konflikteja ja tukea tiiminsä jäseniä heidän ammatillisessa kehityksessään. Tämä kirja pureutuu näihin teemoihin ja tarjoaa konkreettisia esimerkkejä ja harjoituksia, jotka auttavat esihenkilöitä kehittämään omia johtamistaitojaan.

Suomalaisessa työelämässä korostuvat erityisesti tasa-arvo, avoimuus ja luottamus. Näiden arvojen ympärille rakentuva johtamiskulttuuri luo pohjan tehokkaalle ja kestävämmälle työympäristölle. Tässä kirjassa tarkastellaan suomalaisen johtamiskulttuurin erityispiirteitä ja annetaan esimerkkejä siitä, kuinka näitä arvoja voidaan toteuttaa käytännössä. Johtaminen ei ole vain strategioiden ja tavoitteiden asettamista, vaan se on myös ihmisten kohtaamista, heidän tunteidensa ja tarpeidensa huomioimista ja yhteisen vision luomista.

Johtamisosaamisen merkitys korostuu erityisesti nykyisessä, modernissa suomalaisessa työelämässä. Työmarkkinoiden muuttuessa ja kilpailun kiristyessä työntekijät asettavat yhä suurempaa arvoa hyvälle johtamiselle. Hyvä johtamisosaaminen on usein ratkaiseva tekijä työntekijöiden valitessa työpaikkaansa. Työnantajat, jotka panostavat esihenkilöidensä johtamistaitojen kehittämiseen ja luovat positiivisen työympäristön, pystyvät houkuttelemaan ja pitämään kiinni osaavista työntekijöistä. Tämä parantaa työntekijöiden tyytyväisyyttä ja sitoutumista ja lisää organisaation kilpailukykyä. Modernit suomalaiset työnantajat arvostavat johtajia, jotka kykenevät inspiroimaan, tukemaan ja kehittämään tiimejään, ja näiden johtajien osaaminen nähdään keskeisenä menestystekijänä.

Valmentava johtaminen on yksi keskeinen teema tässä kirjassa. Valmentava johtamistyyli korostaa esihenkilön roolia mentorina ja ohjaajana, joka auttaa työntekijöitä kehittämään omia taitojaan ja itseluottamustaan. Tämä lähestymistapa ei keskity pelkästään tehtävien suorittamiseen ja tavoitteiden saavuttamiseen, vaan myös työntekijöiden henkilökohtaiseen kasvuun ja hyvinvointiin. Valmentava johtaminen perustuu aktiiviseen kuunteluun, kysymysten esittämiseen ja jatkuvaan palautteeseen – periaatteisiin, joita työpaikkaansa valitsevat ammattilaiset arvostavat nykypäivän työelämässä.

Oppaan tavoitteena on tarjota käytännönläheisiä neuvoja ja työkaluja, jotka auttavat esihenkilöitä menestymään omassa työssään ja tukemaan tiimiään parhaalla mahdollisella tavalla. Kirja sisältää teoreettista taustaa, käytännön esimerkkejä ja harjoituksia, jotka auttavat esihenkilöitä soveltamaan opittuja taitoja käytännössä. Tämän oppaan avulla esihenkilöt voivat kehittää omaa johtamistaitoaan ja luoda työympäristön, jossa työntekijät tuntevat olonsa arvostetuiksi, motivoituneiksi ja tuetuiksi.

Toivotamme sinut tervetulleeksi matkalle kohti parempaa lähijohtamista. Olitpa sitten kokenut esihenkilö tai vasta aloittamassa johtamispolkuasi, tästä kirjasta löydät arvokkaita oivalluksia ja työkaluja, jotka auttavat sinua kasvamaan ja kehittymään omassa roolissasi.

1. Lähijohtamisen perusteet

1.1 Lähijohtamisen määritelmä ja merkitys

Lähijohtaminen on johtamistapa, jossa esihenkilö tukee tiiviisti tiiminsä päivittäistä työtä ja kehitystä, ja korostaa läsnäoloa ja vuorovaikutusta. Tämä luo perustan luottamukselliselle ja avoimelle työympäristölle.

Lähijohtaminen on erityisen tärkeää ihmistyön aloilla, missä työntekijöiden motivaatio ja hyvinvointi ovat ratkaisevia tekijöitä työn tuloksellisuuden kannalta. Esihenkilön läsnäolo ja tuki lisäävät työntekijöiden sitoutumista ja motivaatiota.

Mikromanagerointi on johtamistyyli, jossa esihenkilö kontrolloi liiallisesti työntekijöiden työtehtäviä ja työskentelytapoja. Tämä johtamistapa ilmenee jatkuvana valvontana, puuttumisena yksityiskohtiin ja rajoittavana ohjauksena, mikä voi vähentää työntekijöiden autonomiaa, motivaatiota ja luottamusta omiin kykyihinsä. Mikromanagerointi voi heikentää työilmapiiriä ja organisaation tehokkuutta, koska se estää työntekijöitä hyödyntämästä omaa osaamistaan ja tekemästä itsenäisiä päätöksiä.

Lähijohtaminen ei tarkoita mikromanagerointia. On tärkeää, että esihenkilö antaa työntekijöilleen riittävästi tilaa ja autonomiaa suorittaa tehtävänsä, mutta on samalla saatavilla tarjoamaan ohjausta ja tukea tarvittaessa. Tämä tasapaino auttaa luomaan ympäristön, jossa työntekijät voivat kasvaa ja kehittyä, mutta tuntevat samalla, että heillä on tarvittavat resurssit ja tuki suoriutua tehtävistään.

Lähijohtamisen ydin on luottamuksen rakentaminen. Kun esihenkilö on avoin, rehellinen ja johdonmukainen, työntekijät voivat luottaa siihen, että heidän tarpeensa ja huolensa otetaan vakavasti. Luottamuksellinen ilmapiiri mahdollistaa paremman tiimityön ja yhteistyön, mikä on olennaista tehokkaalle ja toimivalle organisaatiolle.

1.2 Lähijohtaminen eri toimialoilla

Lähijohtaminen, eli suoraan työntekijöiden kanssa tehtävä esihenkilötyö, vaihtelee eri toimialoilla. Teollisuudessa lähijohtajan rooli korostuu usein tuotantoprosessien hallinnassa ja työntekijöiden turvallisuuden varmistamisessa. Teollisuuden lähijohtajat valvovat koneiden toimintaa, huolehtivat tuotannon sujuvuudesta ja reagoivat nopeasti teknisiin ongelmiin. Työntekijöiden turvallisuus vaatii lähijohtajalta jatkuvaa valvontaa ja ripeää puuttumista mahdollisiin vaaratilanteisiin.

Palvelualoilla lähijohtamisen painopiste on asiakaspalvelussa ja työntekijöiden motivoinnissa. Lähijohtajan on osattava inspiroida ja tukea tiimiään, jotta he pystyvät tarjoamaan erinomaista asiakaspalvelua. Tämä edellyttää lähijohtajalta hyviä vuorovaikutustaitoja ja kykyä ratkaista konflikteja nopeasti. Asiakaspalvelutyössä lähijohtaja toimii usein myös mentorina ja roolimallina, mikä korostaa johtajan persoonallisuuden ja sosiaalisten taitojen merkitystä.

IT- ja teknologiasektorilla lähijohtaminen keskittyy innovaatioiden edistämiseen ja tiimityön tehokkuuteen. Lähijohtajan on tärkeää ymmärtää teknisiä yksityiskohtia ja tukea työntekijöiden luovuutta ja itsenäistä ongelmanratkaisua. Teknologia-alalla projektinhallinta on usein keskiössä, ja lähijohtajan tulee osata koordinoida monimutkaisia projekteja ja varmistaa, että tiimi pysyy aikataulussa. Lähijohtaminen vaatii tässä ympäristössä myös jatkuvaa oppimista ja adaptoitumista nopeasti muuttuviin teknologisiin vaatimuksiin.

Hoiva- ja kasvatusalalla lähijohtaminen on erityisen vaativaa ja monipuolista, sillä se vaatii sekä emotionaalista älykkyyttä että käytännön johtamistaitoja. Lähijohtajan rooli korostuu työntekijöiden jaksamisen tukemisessa ja työhyvinvoinnin edistämisessä, koska työ on usein henkisesti kuormittavaa. Lähijohtajan on oltava helposti lähestyttävä ja valmis kuuntelemaan työntekijöiden huolia ja tarpeita, sekä tarjottava konkreettista apua ja tukea arjen haasteissa. Samalla lähijohtajan on huolehdittava siitä, että hoito- ja kasvatustyön laatu pysyy korkeana, mikä vaatii jatkuvaa koulutusta ja kehittämistä. Tämä vaatii myös kykyä koordinoida monialaisia tiimejä ja ymmärtää eri ammattiryhmien yhteistyön merkitys asiakkaiden ja lasten hyvinvoinnin kannalta. Empaattisuus, joustavuus ja kyky motivoida muita ovat avainominaisuuksia lähijohtajalle hoiva- ja kasvatusalalla.

1.3 Lähijohtaminen vs. muut johtamistehtävät

Lähijohtaminen eroaa muista johtamistehtävistä, kuten linjajohtamisesta ja etäjohtamisesta erityisesti siinä, kuinka esihenkilö on läsnä ja vuorovaikutuksessa tiiminsä kanssa. Lähijohtaminen painottaa päivittäistä läsnäoloa ja henkilökohtaista tukea, mikä luo avoimen ja luottamuksellisen ilmapiirin.

Toisin kuin linjajohtaminen, joka on usein hierarkkisempaa ja keskittyy strategiseen päätöksentekoon, lähijohtaminen keskittyy työntekijöiden välittömään tukemiseen ja arjen haasteisiin. Linjajohtaja voi olla etäisempi, keskittyä laajempien organisaatioprosessien hallintaan ja pitkän aikavälin tavoitteisiin ja jättää päivittäisen ohjauksen lähijohtajien vastuulle.

Etäjohtamisessa, jossa esihenkilö ja tiimi saattavat työskennellä eri toimipisteissä, korostuu teknologian käyttö ja virtuaalinen viestintä. Etäjohtaja saattaa käyttää enemmän aikaa prosessien ja tavoitteiden suunnitteluun, kun taas lähijohtaja panostaa enemmän henkilökohtaiseen vuorovaikutukseen ja välittömään palautteeseen.

Vaikka kaikkien näiden johtamistehtävien tavoitteena on organisaation menestys ja työntekijöiden hyvinvointi, niiden lähestymistavat ja painopisteet eroavat merkittävästi toisistaan.

1.4 Esihenkilön rooli ja vastuut

Esihenkilön rooli on monimuotoinen ja vaatii laaja-alaista osaamista sekä kykyä tasapainottaa useita vastuita samanaikaisesti. Keskeisimpiä tehtäviä ovat työntekijöiden johtaminen, motivointi ja kehittäminen, mikä vaatii sekä ihmissuhdetaitoja että strategista ajattelua. Esihenkilön tulee olla tietoinen organisaation tavoitteista ja varmistaa, että hänen tiiminsä työskentelee näiden tavoitteiden saavuttamiseksi.

Yksi esihenkilön tärkeimmistä rooleista on toimia linkkinä johdon ja työntekijöiden välillä. Tämä edellyttää tehokasta viestintää molempiin suuntiin. Esihenkilön on kyettävä viestimään organisaation strategiat, tavoitteet ja odotukset työntekijöilleen selkeästi ja ymmärrettävästi. Samalla hänen on kuunneltava työntekijöiden palautetta, huolia ja ideoita, ja välitettävä nämä tarvittaessa ylemmälle johdolle. Tämä kaksisuuntainen viestintä auttaa luomaan avoimen ja luottamuksellisen työympäristön.

Toinen keskeinen vastuualue on työntekijöiden kehittäminen ja osaamisen hallinta. Esihenkilön on tunnistettava työntekijöidensä vahvuudet ja kehitysalueet sekä tarjottava mahdollisuuksia ammatilliseen kasvuun. Tämä voi sisältää mentorointia, koulutuksia ja erilaisia kehitysprojekteja.

Esihenkilön rooliin kuuluu myös tiimihengen ja motivaation ylläpitäminen. Hyvä esihenkilö luo positiivisen ja kannustavan ilmapiirin, jossa työntekijät tuntevat olonsa arvostetuiksi ja motivoituneiksi. Tämä saavutetaan osoittamalla arvostusta, antamalla palautetta ja tunnustusta hyvästä työstä sekä tarjoamalla tukea ja resursseja työn sujuvuuden varmistamiseksi.

Esihenkilön vastuulla on myös organisaation toiminnan ja prosessien sujuvuuden varmistaminen. Tämä sisältää resurssien hallinnan, kuten työvuorosuunnittelun ja materiaalien hankinnan, sekä laadunvalvonnan ja tehokkuuden seurannan.

1.5 Esihenkilö on työnantajan edustaja

Esihenkilö toimii organisaatiossa sekä työnantajan edustajana että yksikkönsä operatiivisena vetäjänä. Tämä kaksoisrooli vaatii esihenkilöltä tasapainottelua yrityksen tavoitteiden ja työntekijöiden tarpeiden välillä.

Työnantajan edustajana esihenkilö vastaa yrityksen arvojen, tavoitteiden ja odotusten viestimisestä työntekijöille. Hän on työnantajan kasvot, jotka työntekijät kohtaavat päivittäin, joten hänen on varmistettava, että hänen käytöksensä ja viestintänsä ovat linjassa yrityksen arvojen kanssa. Tämä voi tarkoittaa päätösten ja muutosten perustelua työntekijöille sekä strategisten tavoitteiden avaamista ymmärrettävästi ja motivoivasti.

Samanaikaisesti esihenkilö vastaa työntekijöiden hyvinvoinnista ja toimintavarmuudesta. Tämä tarkoittaa työntekijöiden tukemista heidän ammatillisessa kehityksessään, työssä jaksamisessaan ja päivittäisissä työtehtävissä. Esihenkilön on luotava työympäristö, jossa työntekijät tuntevat olonsa arvostetuiksi ja kuulluiksi. Tämä voi sisältää palautteen antamista, koulutusmahdollisuuksien tarjoamista sekä ongelmatilanteisiin puuttumista nopeasti ja tehokkaasti.

Työntekijöiden hyvinvointi on suoraan yhteydessä heidän tuottavuuteensa ja sitoutumiseensa, mikä puolestaan vaikuttaa koko organisaation menestykseen.

Näiden kahden roolin välillä voi kuitenkin esiintyä ristiriitoja. Esimerkiksi tilanteissa, joissa yrityksen strategiset päätökset voivat vaikuttaa negatiivisesti työntekijöiden hyvinvointiin, esihenkilön on löydettävä tapa sovittaa yhteen yrityksen tavoitteet ja työntekijöiden tarpeet. Tämä vaatii esihenkilöltä kykyä neuvotella, viestiä avoimesti ja rakentaa luottamusta molempiin suuntiin. Esihenkilön on oltava rehellinen työntekijöilleen ja selitettävä päätösten taustat sekä mahdolliset vaikutukset, samalla kun hän pyrkii löytämään keinoja tukea työntekijöitä muutosten keskellä. Tämä tasapainottelu vaatii vahvaa johtajuutta, empatiaa ja strategista ajattelua, jotta sekä työnantajan että työntekijöiden edut voidaan ottaa huomioon ja yhdistää mahdollisimman saumattomasti.

1.6 Johtamisen ja ohjaamisen erot

Johtaminen ja ohjaaminen ovat kaksi erilaista, mutta toisiaan täydentävää lähestymistapaa, jotka esihenkilön tulee hallita. Vaikka nämä termit usein sekoitetaan keskenään, niiden välillä on merkittäviä eroja, jotka vaikuttavat siihen, miten esihenkilö toimii ja miten hän vaikuttaa tiimiinsä. Ymmärtämällä nämä erot esihenkilö voi soveltaa kumpaakin lähestymistapaa tarkoituksenmukaisesti eri tilanteissa.

Johtaminen keskittyy pitkän aikavälin tavoitteiden asettamiseen ja strategian luomiseen näiden tavoitteiden saavuttamiseksi. Johtaja määrittää organisaation vision, arvot ja suunnan ja ohjaa tiimiään kohti yhteisiä päämääriä. Johtaminen vaatii visionääristä ajattelua, kykyä inspiroida ja motivoida muita sekä taitoa rakentaa ja ylläpitää organisaation kulttuuria.

Ohjaaminen on enemmän operatiivista ja keskittyy lyhyen aikavälin toiminnan tukemiseen ja työntekijöiden päivittäiseen auttamiseen. Ohjaaja tarjoaa välitöntä tukea, neuvoja ja palautetta, ja auttaa työntekijöitä selviytymään arjen haasteista ja kehittämään taitojaan. Tämä lähestymistapa korostaa esihenkilön aktiivista osallistumista ja vuorovaikutusta tiimin kanssa.

Yksi keskeinen ero johtamisen ja ohjaamisen välillä on valta ja kontrolli. Johtamisessa esihenkilö usein käyttää valtaa ja auktoriteettia luodakseen suuntaviivoja ja tehdäkseen päätöksiä, jotka ohjaavat organisaatiota kohti sen tavoitteita. Tämä voi sisältää resurssien jakamista, strategisten päätösten tekemistä ja organisaation rakenteiden luomista. Ohjaamisessa esihenkilön rooli on enemmän fasilitoiva ja tukeva, keskittyen työntekijöiden auttamiseen ja heidän osaamisensa kehittämiseen ilman yhtä voimakasta vallankäyttöä.

Toinen merkittävä ero on aikajänne. Johtaminen katsoo pitkälle tulevaisuuteen, keskittyen pitkän aikavälin tavoitteisiin ja strategioihin. Ohjaaminen taas toimii reaaliajassa. Se keskittyy välittömiin tarpeisiin ja päivittäisten tehtävien suorittamiseen. Tämä ero aikajänteessä vaikuttaa siihen, miten esihenkilö suunnittelee ja priorisoi tehtäviään sekä miten hän kommunikoi ja työskentelee tiiminsä kanssa.

Johtamisen ja ohjaamisen eroja voidaan tarkastella myös vaikuttavuuden kautta. Johtaminen pyrkii usein suurempiin, organisaationlaajuisiin muutoksiin ja vaikutuksiin, kun taas ohjaaminen keskittyy yksilötason kehitykseen ja lyhyen aikavälin tuloksiin.

Vaikka johtaminen ja ohjaaminen eroavat toisistaan, molemmat ovat välttämättömiä esihenkilötyössä. Ymmärtämällä näiden kahden lähestymistavan erot ja niiden soveltamisalueet, esihenkilö voi tehokkaammin tukea tiimiään ja saavuttaa organisaation tavoitteet. Tasapainottamalla strategisen johtamisen ja päivittäisen ohjaamisen, esihenkilö voi luoda dynaamisen ja tuottavan työympäristön, joka edistää sekä yksilöiden että koko organisaation hyvinvointia.

2. Valmentava johtaminen

2.1 Valmentavan johtamisen periaatteet

Valmentava johtaminen on nykypäivän työelämässä suuren jalansijan saanut johtamistyyli, joka korostaa esihenkilön roolia mentorina ja ohjaajana, joka taas auttaa työntekijöitä kehittämään omia taitojaan, itseluottamustaan ja ammatillista kasvuaan. Tämä lähestymistapa perustuu ajatukseen, että jokaisella työntekijällä on potentiaalia kehittyä ja menestyä, kun hänelle annetaan oikeat työkalut, tuki ja ympäristö. Valmentava johtaminen ei keskity pelkästään tehtävien suorittamiseen ja tavoitteiden saavuttamiseen, vaan myös työntekijän henkilökohtaiseen kasvuun ja hyvinvointiin.

Aktiivinen kuuntelu on syvällistä ja keskittynyttä kuuntelemista, jossa kuuntelija ymmärtää puhujan sanat, tunteet ja merkitykset. Se sisältää kuuleman selkeän vahvistamisen, tarkentavien kysymysten esittämisen ja empatiaa osoittavan palautteen antamisen. Aktiivinen kuuntelu luo luottamusta ja auttaa ymmärtämään puhujan tarpeita ja näkökulmia.

Yksi valmentavan johtamisen keskeisistä periaatteista on aktiivinen kuuntelu. Esihenkilön tulee olla läsnä ja kuunnella työntekijöidensä tarpeita, huolia ja ideoita ilman ennakkoluuloja. Tämä edellyttää empatiaa ja kykyä ymmärtää työntekijöiden näkökulmia. Aktiivinen kuuntelu ei tarkoita vain kuulevan korvin kuuntelemista, vaan myös siihen liittyvien signaalien ja tunteiden huomioimista. Tämä auttaa esihenkilöä rakentamaan luottamusta ja luomaan avoimen ja rehellisen vuorovaikutuksen ilmapiirin.

Toinen tärkeä periaate on kysymysten esittäminen ohjeiden antamisen sijaan. Sen sijaan, että esihenkilö kertoisi suoraan, mitä työntekijän tulisi tehdä, hän kannustaa työntekijää pohtimaan omia ratkaisujaan ja vaihtoehtojaan kysymysten avulla. Tämä lähestymistapa tukee työntekijän itsenäistä ajattelua ja ongelmanratkaisutaitoja. Kysymykset, kuten "*Miten itse lähestyisit tätä ongelmaa?*" tai "*Mitä vaihtoehtoja näet tässä tilanteessa?*" auttavat työntekijöitä löytämään omat ratkaisunsa ja oppimaan prosessin aikana.

Valmentava johtaminen korostaa myös jatkuvaa palautetta ja kehitystä. Esihenkilön tulee antaa säännöllistä ja rakentavaa palautetta, joka auttaa työntekijöitä tunnistamaan vahvuutensa ja kehitysalueensa. Palaute ei ole pelkästään virheiden osoittamista, vaan myös onnistumisten tunnistamista ja juhlistamista. Valmentava johtaminen kannustaa työntekijöitä asettamaan omia tavoitteitaan ja seuraamaan omaa kehitystään, mikä lisää heidän sitoutumistaan ja motivaatiotaan.

Luottamus ja psykologinen turvallisuus ovat olennaisia periaatteita valmentavassa johtamisessa. Esihenkilön tulee luoda ympäristö, jossa työntekijät tuntevat olonsa turvalliseksi ilmaista mielipiteensä, tehdä virheitä ja oppia niistä ilman pelkoa rangaistuksista tai negatiivisista seuraamuksista. Tämä luottamuksen ilmapiiri edistää innovaatioita, luovuutta ja avointa vuorovaikutusta tiimissä. Varsinkin ihmisläheisillä aloilla tämä on erityisen tärkeää, sillä työntekijöiden hyvinvointi ja turvallisuuden tunne heijastuvat suoraan työn kohteeseen, vaikkapa hoivaa tai kasvatusta saaviin ihmisiin.

Valmentava johtaminen on siis ihmiskeskeinen johtamistyyli, joka keskittyy työntekijöiden kehityksen tukemiseen ja heidän potentiaalinsa hyödyntämiseen. Tämä lähestymistapa perustuu aktiiviseen kuunteluun, kysymysten esittämiseen, jatkuvaan palautteeseen ja luottamuksen rakentamiseen. Valmentavan johtamisen periaatteet omaksuva lähiesihenkilö voi luoda motivoivan ja kannustavan työympäristön, jossa työntekijät tuntevat olonsa arvostetuiksi ja tuetuiksi, mikä puolestaan johtaa parempiin tuloksiin ja hyvinvointiin koko organisaatiossa.

Seuraavassa taulukossa vertaillaan valmentavaa johtamista ja vanhakantaista johtamistyyliä muutamien keskeisten johtamisen periaatteiden näkökulmasta.

Periaate	Valmentava johtaminen	Vanhakantainen johtaminen
Viestintä	Avointa ja osallistavaa, kuunnellaan työntekijöitä ja esitetään kysymyksiä	Yksisuuntaista, jossa esihenkilö antaa ohjeita ja päätöksiä
Palaute	Jatkuvaa, rakentavaa ja kehittävää, keskittyy sekä vahvuuksiin että kehitysalueisiin	Harvemmin annettu, usein vain negatiivinen palaute
Valta ja kontrolli	Työntekijöiden itsenäisyyden ja päätöksenteon tukeminen	Esihenkilö kontrolloi ja ohjaa työtä yksityiskohtaisesti
Tavoitteiden asettaminen	Työntekijöiden osallistaminen ja heidän oman kehityksensä ohjaaminen	Esihenkilö asettaa tavoitteet ja työntekijöiden odotetaan saavuttavan ne
Motivointi	Keskittyminen työntekijöiden sisäisen motivaation ja itseluottamuksen vahvistamiseen	Ulkoinen motivointi palkkioiden ja sanktioiden avulla
Tiimityö ja yhteistyö	Tiimihengen ja yhteistyön korostaminen, avoimen keskustelun ja ideoiden jakamisen edistäminen	Tiimityön johtaminen ylhäältä alaspäin, vähemmän osallistavaa lähestymistapaa

Periaate	Valmentava johtaminen	Vanhakantainen johtaminen
Ongelmien ratkaisu	Työntekijöiden rohkaiseminen löytämään omia ratkaisujaan ja kehittämään ongelmanratkaisutaitojaan	Esihenkilö tarjoaa ratkaisut ongelmiin, vähemmän tilaa työntekijöiden omalle ajattelulle
Kehityskeskustelut	Säännölliset, syvälliset keskustelut työntekijän urasta, tavoitteista ja hyvinvoinnista, joissa esihenkilö toimii mentorina	Harvemmin ja vähemmän syvälliset keskustelut, suorituskyvyn arviointia
Muutostilanteiden hallinta	Työntekijöiden tukeminen muutoksessa, avoimen viestinnän ylläpitäminen ja työntekijöiden huolien käsittely	Esihenkilön johdolla tapahtuva muutoshallinta, vähemmän tilaa työntekijöiden huolien ja ajatusten käsittelylle
Empatia ja psykologinen turvallisuus	Esihenkilön empaattinen suhtautuminen työntekijöihin, psykologisen turvallisuuden rakentaminen, työntekijät voivat ilmaista mielipiteensä ja tehdä virheitä ilman pelkoa	Vähemmän empatiaa ja psykologista turvallisuutta, työntekijöiden mielipiteiden ja virheiden käsittely voi olla rajoitetumpaa

2.2 Valmentavan johtamisen hyödyt

Valmentavalla johtamisella on monia hyötyjä, jotka vaikuttavat positiivisesti sekä työntekijöihin että koko organisaatioon. Yksi merkittävimmistä hyödyistä on työntekijöiden motivaatio ja sitoutuminen. Kun esihenkilö tukee työntekijöidensä ammatillista ja henkilökohtaista kehitystä, työntekijät tuntevat olonsa arvostetuiksi ja motivoituneiksi. Tämä lisää heidän sitoutumistaan organisaatioon ja heidän halukkuuttaan panostaa työhönsä.

Toinen keskeinen hyöty on parantunut työilmapiiri. Valmentava johtaminen edistää avoimuutta, luottamusta ja rehellistä vuorovaikutusta tiimin sisällä. Kun työntekijät kokevat, että heidän mielipiteitään kuunnellaan ja arvostetaan, ja että heillä on mahdollisuus vaikuttaa omaan työhönsä, syntyy positiivinen ja kannustava työilmapiiri. Tämä luo pohjan tehokkaalle tiimityölle ja yhteistyölle millä tahansa alalla.

Valmentava johtaminen tukee myös työntekijöiden itsenäistä ajattelua ja ongelmanratkaisutaitoja. Kysymysten esittäminen ja työntekijöiden kannustaminen löytämään omat ratkaisunsa auttavat heitä kehittämään kriittistä ajattelua ja päätöksentekokykyä. Tämä lisää heidän osaamistaan ja itseluottamustaan ja samalla vähentää esihenkilön tarvetta jatkuvaan mikromanagerointiin. Itseohjautuvat työntekijät voivat toimia tehokkaammin ja joustavammin, mikä parantaa koko organisaation toimivuutta ja tehokkuutta.

Yksi merkittävä hyöty valmentavasta johtamisesta on työntekijöiden ammatillinen kehitys ja urakehitys. Kun esihenkilö tukee työntekijöiden kasvua ja oppimista, he saavat mahdollisuuden kehittää uusia taitoja ja edetä urallaan. Tämä parantaa heidän työtyytyväisyyttään ja hyödyttää organisaatiota, kun työntekijät tuovat mukanaan uusia ideoita ja osaamista.

Valmentava johtaminen edistää innovaatioita ja luovuutta. Kun työntekijät tuntevat olonsa turvallisiksi ilmaista ideoitaan ja kokeilla uusia lähestymistapoja ilman pelkoa epäonnistumisesta, he ovat todennäköisemmin luovia ja innovatiivisia työssään. Tämä voi johtaa uusiin ja parempiin toimintatapoihin, jotka parantavat organisaation tehokkuutta ja kilpailukykyä.

Valmentava johtaminen siis tuo lukuisia hyötyjä, jotka vaikuttavat positiivisesti sekä yksilöihin että koko organisaatioon. Se lisää työntekijöiden motivaatiota ja sitoutumista, parantaa työilmapiiriä, tukee itsenäistä ajattelua ja ammatillista kehitystä sekä edistää innovaatioita ja luovuutta. Valmentava johtaminen voi merkittävästi parantaa organisaation toimivuutta ja menestystä.

2.3 Esimerkkejä valmentavasta johtamisesta

Seuraavassa esitetään viisi käytännön esimerkkiä, jotka havainnollistavat valmentavan johtamisen periaatteiden soveltamista arjen työssä.

Ensimmäinen esimerkki on kehityskeskustelut, joissa esihenkilö käyttää valmentavia tekniikoita työntekijän tavoitteiden asettamiseen ja urakehityksen tukemiseen. Sen sijaan, että esihenkilö kertoisi työntekijälle, mitä tämän pitäisi tehdä, hän kysyy avoimia kysymyksiä, kuten *"Mitä tavoitteita haluaisit asettaa itsellesi seuraavalle vuodelle?"* ja *"Miten voin tukea sinua näiden tavoitteiden saavuttamisessa?"*. Tämä lähestymistapa auttaa työntekijää ottamaan vastuuta omasta kehityksestään ja lisää sitoutumista asetettuihin tavoitteisiin.

Toinen esimerkki on tiimipalaverit, joissa esihenkilö rohkaisee kaikkia tiimin jäseniä osallistumaan keskusteluun ja jakamaan ideoitaan. Sen sijaan, että palaveri olisi esihenkilön yksinpuhelua ja yksisuuntaista viestintää, valmentava johtaja kysyy tiimiltä kysymyksiä, kuten *"Mitä mieltä olette tästä ehdotuksesta?"* ja *"Millaisia ideoita teillä on tämän haasteen ratkaisemiseksi?"*. Tämä edistää avointa vuorovaikutusta ja luo ilmapiirin, jossa jokainen tiimin jäsen tuntee, että hänen panoksellaan on merkitystä.

Kolmas esimerkki on ongelmanratkaisu. Kun tiimi kohtaa haasteen, valmentava esihenkilö auttaa työntekijöitä löytämään ratkaisuja itse sen sijaan, että tarjoaisi valmiita vastauksia. Esihenkilö voi kysyä esimerkiksi *"Mitä vaihtoehtoja näet tässä tilanteessa?"* tai *"Miten lähestyisit tämän ongelman ratkaisemista?"*. Tämä kannustaa työntekijöitä ajattelemaan itsenäisesti ja kehittää heidän ongelmanratkaisutaitojaan, mikä on erityisen arvokasta pitkällä aikavälillä.

Neljäs esimerkki on palautteen antaminen. Valmentava esihenkilö antaa palautetta rakentavalla ja kehittävällä tavalla, keskittyen sekä vahvuuksiin että kehitysalueisiin. Sen sijaan, että hän vain kritisoisi, hän kysyy esimerkiksi *"Miten itse arvioisit suoritustasi tässä tehtävässä?"* ja *"Mitä voisit tehdä toisin saavuttaaksesi paremman tuloksen ensi kerralla?"*. Tällainen palaute auttaa työntekijöitä oppimaan virheistään ja parantamaan suoritustaan jatkuvasti oivallusten kautta.

Viides esimerkki on muutostilanteiden hallinta. Kun organisaatiossa tapahtuu muutoksia, valmentava esihenkilö tukee työntekijöitä sopeutumisessa ja auttaa heitä näkemään muutoksen mahdollisuutena. Hän voi keskustella työntekijöiden kanssa heidän huolistaan ja kysyä esimerkiksi *"Miten voin auttaa sinua tässä muutostilanteessa?"* ja *"Mitä voit oppia tästä muutoksesta, joka voi hyödyttää sinua tulevaisuudessa?"*. Tämä lähestymistapa vähentää muutosvastarintaa ja auttaa työntekijöitä näkemään muutoksen positiivisessa valossa.

Valmentava johtaminen tarjoaa monia käytännön työkaluja ja tekniikoita, joita esihenkilö voi käyttää tukeakseen tiimiään ja edistääkseen työntekijöiden kehitystä. Kehityskeskustelut, tiimipalaverit, ongelmanratkaisu, palautteen antaminen ja muutostilanteiden hallinta ovat kaikki tilanteita, joissa valmentavan johtamisen periaatteet voivat merkittävästi parantaa tiimin suorituskykyä ja hyvinvointia.

3. Suomalainen johtamiskulttuuri

3.1 Suomalaisen johtamisen erityispiirteet

Suomalainen johtamiskulttuuri on kehittynyt vuosien saatossa vastaamaan paikallisia arvoja, työympäristöjä ja sosiaalisia normeja. Yksi keskeinen piirre suomalaisessa johtamisessa on matala hierarkia, joka edistää tasa-arvoa ja avoimuutta organisaatioissa. Johtajat ja työntekijät toimivat usein tiiviissä yhteistyössä, ja päätöksentekoprosessit ovat demokraattisempia kuin monissa muissa maissa. Tämä luo ympäristön, jossa jokaisen panosta arvostetaan, ja työntekijät voivat tuntea olonsa merkityksellisiksi ja kuulluiksi.

Toinen merkittävä piirre on suora ja rehellinen viestintä. Suomessa arvostetaan suoraa puhetta ja avoimuutta, mikä tarkoittaa, että asiat pyritään sanomaan suoraan ja ilman kiertelyä. Tämä vähentää väärinkäsityksiä ja edistää tehokasta viestintää, koska kaikki osapuolet tietävät, missä mennään ja mitä odotetaan. Tämä piirre näkyy myös palautteen antamisessa, jossa sekä positiivinen että rakentava palaute esitetään suoraan, mutta kunnioittavasti.

Suomalaisessa johtamisessa korostetaan myös itsenäisyyttä ja vastuullisuutta. Työntekijöitä kannustetaan ottamaan vastuuta omasta työstään ja tekemään itsenäisiä päätöksiä. Tämä itsenäisyyden ja luottamuksen kulttuuri tukee työntekijöiden kehitystä ja kasvua, koska he saavat mahdollisuuden näyttää osaamisensa ja kehittää taitojaan omassa tahdissaan. Johtajan roolina on tukea ja ohjata työntekijöitä tarvittaessa, mutta ei puuttua liikaa heidän päivittäisiin tehtäviinsä.

Luottamus on myös keskeinen elementti suomalaisessa johtamiskulttuurissa. Johtajat pyrkivät luomaan luottamuksellisen ilmapiirin, jossa työntekijät tuntevat olonsa turvalliseksi ja arvostetuiksi. Tämä saavutetaan olemalla johdonmukainen, rehellinen ja läpinäkyvä päätöksenteossa ja toiminnassa

Myös yhteisöllisyys ja tiimityö ovat tärkeitä elementtejä suomalaisessa työelämäkulttuurissa. Johtajat arvostavat tiimityötä ja pyrkivät luomaan vahvan yhteishengen organisaatiossa. Tämä saavutetaan kannustamalla yhteistyöhön, tukemalla avointa viestintää ja edistämällä yhteisiä tavoitteita. Tämä tarkoittaa tiiviistä yhteistyötä kaikkien sidosryhmien välillä, mikä varmistaa parhaan mahdollisen ympäristön tuloksen aikaan saamiselle.

Suomalaisen johtamisen erityispiirteet – matala hierarkia, suora viestintä, itsenäisyyden ja vastuullisuuden korostaminen, luottamuksen rakentaminen ja yhteisöllisyys – luovat perustan tehokkaalle ja inhimilliselle johtamiselle. Nämä piirteet tukevat työntekijöiden hyvinvointia ja kehitystä, mikä puolestaan edistää organisaation menestystä ja kestävyyttä.

3.2 Luottamuksen rakentaminen

Luottamuksen rakentaminen ja ylläpitäminen on olennaista suomalaisessa johtamiskulttuurissa, ja se toimii perustana tehokkaalle ja kestävälle työympäristölle. Luottamus ei synny itsestään. Se vaatii aikaa, johdonmukaisuutta ja rehellisyyttä esihenkilöltä. Luottamuksen saavuttaminen työntekijöiden keskuudessa edellyttää esihenkilöltä avoimuutta ja läpinäkyvyyttä kaikissa toimissaan. Tämä tarkoittaa, että päätökset, joita tehdään, kommunikoidaan selkeästi ja rehellisesti työntekijöille, ja mahdollisista virheistä otetaan vastuu.

Toinen keskeinen tekijä luottamuksen rakentamisessa on johdonmukaisuus. Työntekijät arvostavat esihenkilöä, joka on ennustettavissa ja pitää sanansa. Tämä tarkoittaa, että esihenkilön lupaukset ja sitoumukset täytetään, ja organisaation sääntöjä ja käytäntöjä sovelletaan tasapuolisesti kaikkien kohdalla. Johdonmukainen esihenkilö toimii esimerkkinä ja luo turvallisuuden tunteen työpaikalla, ja siten edistää työntekijöiden sitoutumista ja motivaatiota.

Rehellisyys ja läpinäkyvyys ovat myös avainasemassa luottamuksen ylläpitämisessä. Työntekijöiden tulee voida luottaa siihen, että esihenkilö kertoo asiat niin kuin ne ovat, myös silloin, kun uutiset eivät ole positiivisia. Tämä ei tarkoita, että kaikki organisaation asiat olisi jaettava, mutta olennaiset tiedot, jotka vaikuttavat työntekijöihin ja heidän työhönsä, tulee kommunikoida avoimesti. Tämä avoimuus auttaa vähentämään huhuja ja epävarmuutta, jotka voivat heikentää työilmapiiriä ja luottamusta. Informaatiotyhjiö täyttyy aina erittäin nopeasti olettamuksilla ja niistä vedetyillä johtopäätöksillä. Sen korjaaminen on huomattavasti työläämpää kuin harkitun avoimuuden ylläpitäminen.

Empatia ja työntekijöiden tarpeiden ymmärtäminen ovat tärkeitä työkaluja luottamuksen rakentamisessa ja ylläpitämisessä. Esihenkilön tulee osoittaa kiinnostusta työntekijöidensä hyvinvointia kohtaan ja olla valmis tukemaan heitä erilaisissa tilanteissa. Tämä voi tarkoittaa kuuntelemista, kun työntekijät kohtaavat haasteita, sekä joustavien ratkaisujen etsimistä heidän tarpeidensa mukaisesti. Empaattinen esihenkilö luo ilmapiirin, jossa työntekijät tuntevat olevansa arvostettuja ja tuettuja, mikä vahvistaa heidän luottamustaan esihenkilöön ja organisaatioon.

Yhteistyön ja tiimihengen edistäminen rakentaa luottamusta tehokkaasti. Esihenkilön tulee aktiivisesti tukea yhteistyötä ja avoimuutta tiimin sisällä, rohkaisten työntekijöitä jakamaan tietoa ja ideoita keskenään. Tämä voi sisältää säännöllisten tiimipalaverien järjestämistä, yhteisten tavoitteiden asettamista ja tiimityön palkitsemista. Kun työntekijät tuntevat, että he voivat luottaa toisiinsa ja että heidän panoksellaan on merkitystä, koko tiimin suorituskyky ja moraali paranevat.

Luottamuksen rakentaminen ja ylläpitäminen vaativat esihenkilöltä avoimuutta, johdonmukaisuutta, rehellisyyttä, empatiaa ja yhteistyön tukemista. Nämä tekijät luovat perustan vahvalle ja luottamukselliselle työympäristölle, jossa työntekijät tuntevat olonsa turvalliseksi ja motivoituneiksi.

3.3 Kommunikaatio ja vuorovaikutus

Kommunikaatio ja vuorovaikutus ovat leimallisia elementtejä suomalaisessa johtamiskulttuurissa. Suora ja rehellinen viestintä auttaa luomaan avoimen ja luottamuksellisen työilmapiirin, jossa työntekijät tuntevat olonsa arvostetuiksi ja kuulluiksi. Tehokas kommunikaatio edellyttää esihenkilöltä kykyä kuunnella aktiivisesti, välittää selkeitä viestejä ja olla avoin palautteelle.

Aktiivinen kuuntelu on ensimmäinen askel tehokkaassa kommunikaatiossa. Esihenkilön tulee olla aidosti läsnä keskusteluissa ja osoittaa kiinnostusta työntekijöiden ajatuksiin ja huoliin. Tämä ei tarkoita pelkästään kuuntelemista, vaan myös ymmärtämistä ja empatiaa. Aktiivinen kuuntelu luo työntekijöille tunteen, että heidän näkemyksensä ovat tärkeitä ja arvostettuja, mikä vahvistaa heidän sitoutumistaan ja motivaatiotaan.

Selkeä ja suora viestintä on toinen keskeinen tekijä. Suomessa arvostetaan rehellisyyttä ja suoruutta, mikä tarkoittaa, että asiat sanotaan suoraan ja kaunistelematta. Tämä ei kuitenkaan tarkoita epäkohteliaisuutta, vaan pikemminkin avoimuutta ja läpinäkyvyyttä. Selkeä viestintä auttaa välttämään väärinkäsityksiä ja varmistaa, että kaikki osapuolet ymmärtävät tilanteen ja odotukset samalla tavalla.

Palautteen antaminen ja vastaanottaminen ovat tärkeitä osia vuorovaikutusta. Rakentava palaute auttaa työntekijöitä kehittymään ja parantamaan suoritustaan.

Esihenkilön tulee antaa palautetta säännöllisesti ja tasapainoisesti, keskittyen sekä vahvuuksiin että kehitysalueisiin. Samalla esihenkilön on oltava valmis ottamaan vastaan palautetta omasta toiminnastaan ja käyttämään sitä oman johtajuutensa kehittämiseen. Tämä kaksisuuntainen palauteprosessi edistää jatkuvaa oppimista ja kehittymistä organisaatiossa.

Vuorovaikutuksen merkitys korostuu erityisesti muutostilanteissa. Muutokset voivat aiheuttaa epävarmuutta ja huolta työntekijöiden keskuudessa, joten esihenkilön tulee kommunikoida avoimesti ja selkeästi muutoksen syistä, vaikutuksista ja odotuksista. Tämä auttaa työntekijöitä sopeutumaan muutokseen ja näkemään sen mahdollisuutena kehittyä ja oppia uusia asioita. Avoin vuorovaikutus muutostilanteissa myös vähentää huhuja ja epävarmuutta, mikä edistää työilmapiirin vakautta.

Viestinnän ja vuorovaikutuksen tulee olla jatkuvaa. Yhteydenpito ei saa rajoittua vain virallisiin kokouksiin ja tiedotteisiin, vaan sen tulee olla osa päivittäistä toimintaa. Säännölliset tiimipalaverit, henkilökohtaiset keskustelut ja avoimet ovet -käytäntö ovat esimerkkejä tavoista, joilla esihenkilö voi pitää viestintäkanavat avoimina. Tämä jatkuva vuorovaikutus auttaa rakentamaan ja ylläpitämään luottamusta sekä varmistamaan, että kaikki tiimin jäsenet tuntevat olevansa ajan tasalla ja mukana päätöksenteossa.

Kommunikaatio ja vuorovaikutus ovat välttämättömiä suomalaisessa johtamiskulttuurissa. Aktiivinen kuuntelu, selkeä viestintä, rakentava palaute, avoimuus muutostilanteissa ja jatkuva vuorovaikutus luovat perustan tehokkaalle ja luottamukselliselle työympäristölle.

4. Johtamisen käytännön työkalut ja tekniikat

4.1 Palautekulttuuri

Palautteen antaminen ja vastaanottaminen on keskeinen osa tehokasta esihenkilötyötä ja organisaation kehittämistä. Rakentava palaute auttaa työntekijöitä ymmärtämään vahvuuksiaan ja kehitysalueitaan, mikä edistää heidän ammatillista kasvuaan ja parantaa organisaation suorituskykyä. Palautteen antaminen vaatii esihenkilöltä taitoa kommunikoida selkeästi ja empaattisesti, jotta palaute otetaan vastaan positiivisella tavalla ja siitä opitaan.

Ensimmäinen askel palautteen antamisessa on sen ajoitus ja konteksti. Palaute on tehokkainta, kun se annetaan mahdollisimman pian tilanteen jälkeen, jolloin se on tuoreena mielessä. Esihenkilön on tärkeää valita sopiva aika ja paikka palautteen antamiselle, jotta työntekijä voi keskittyä viestiin ilman häiriötekijöitä. Henkilökohtainen ja yksityinen keskustelu on usein paras vaihtoehto, erityisesti silloin, kun kyseessä on rakentava palaute tai kehityskohteet.

Selkeys ja konkretia ovat myös tärkeitä tekijöitä palautteen antamisessa. Esihenkilön tulee olla tarkka ja konkreettinen palautteessaan, ja hänen tulee välttää yleisiä ja epämääräisiä ilmaisuja. Esimerkiksi sen sijaan, että sanottaisiin *"Teit hyvää työtä"*, voidaan sanoa *"Teit erinomaista työtä projektin aikatauluttamisessa ja varmistit, että kaikki tehtävät valmistuivat ajallaan".* Tämä auttaa työntekijää ymmärtämään tarkalleen, missä hän onnistui ja mitä hänen tulisi jatkossakin painottaa.

Empatia ja positiivisuus ovat olennaisia palautteen antamisessa. Vaikka palaute olisi rakentavaa ja kehittävää, sen tulee esittää myönteisessä hengessä, joka kannustaa, eikä lannista työntekijää. On tärkeää tunnustaa työntekijän panos ja arvostaa hänen ponnistelujaan.

Palautteen vastaanottaminen on yhtä tärkeää kuin sen antaminen. Esihenkilön tulee olla valmis kuuntelemaan työntekijöidensä palautetta omasta toiminnastaan ja johtamistavoistaan. Tämä kaksisuuntainen palauteprosessi edistää avoimuutta ja luottamusta organisaatiossa. Esihenkilön tulee osoittaa, että hän arvostaa saamaansa palautetta ja on valmis tekemään tarvittavia muutoksia parantaakseen omaa toimintaansa. Tämä esimerkki kannustaa työntekijöitä tekemään samoin.

Palautteen antaminen ja vastaanottaminen ovat keskeisiä tekijöitä esihenkilötyössä ja organisaation kehittämisessä. Ajoitus, selkeys, empatia ja kaksisuuntainen palauteprosessi ovat avainasemassa tehokkaan ja rakentavan palautteen varmistamisessa.

4.2 Konfliktien hallinta ja ratkaisumallit

Konfliktit ovat väistämätön osa työelämää, ja esihenkilön kyky hallita ja ratkaista konflikteja on olennainen osa tehokasta johtamista. Hyvin hoidettu konflikti voi jopa vahvistaa tiimihenkeä ja parantaa organisaation toimintaa. Konfliktien hallinta edellyttää esihenkilöltä taitoa tunnistaa ongelmat ajoissa, ymmärtää niiden taustat ja soveltaa sopivia ratkaisumalleja.

Ensimmäinen askel konfliktien hallinnassa on niiden tunnistaminen ja varhainen puuttuminen. Esihenkilön tulee olla tietoinen tiiminsä dynamiikasta ja havainnoida merkkejä mahdollisista konflikteista, kuten lisääntyneestä jännitteestä, kommunikaatio-ongelmista tai työmotivaation laskusta. Varhainen puuttuminen estää tilanteen pahenemisen ja auttaa löytämään ratkaisuja ennen kuin konfliktit eskaloituvat.

Konfliktien taustojen ymmärtäminen on seuraava tärkeä vaihe. Esihenkilön on selvitettävä, mistä konfliktissa on todella kyse ja mitkä tekijät ovat siihen johtaneet. Tämä voi edellyttää syvällistä keskustelua osapuolten kanssa ja aktiivista kuuntelua, jotta kaikki näkökulmat tulevat esille. Usein konfliktien taustalla voi olla väärinkäsityksiä, henkilökohtaisia erimielisyyksiä tai resurssien puutteesta johtuvia ongelmia. Esihenkilön tehtävänä on selvittää nämä juurisyyt.

Kun konfliktin taustat on selvitetty, esihenkilön tulee soveltaa sopivia ratkaisumalleja. Yksi yleisesti käytetty menetelmä on fasilitointi, jossa esihenkilö toimii neutraalina osapuolena ja auttaa konfliktin osapuolia löytämään yhteisen ratkaisun. Fasilitointi edellyttää esihenkilöltä hyviä kommunikaatio- ja neuvottelutaitoja sekä kykyä pysyä puolueettomana. Tavoitteena on, että osapuolet itse pääsevät yhteisymmärrykseen ja sopivat tarvittavista toimenpiteistä.

Toinen ratkaisumalli on sovittelu, jossa esihenkilö voi tuoda mukaan ulkopuolisen sovittelijan auttamaan konfliktin ratkaisemisessa. Tämä voi olla hyödyllistä erityisesti silloin, kun konflikti on syvä tai osapuolet eivät pysty löytämään ratkaisua keskenään. Sovittelija auttaa osapuolia keskustelemaan avoimesti ja rakentavasti, löytämään yhteisiä tavoitteita ja sopimaan konkreettisista toimenpiteistä konfliktin ratkaisemiseksi.

Joskus konfliktitilanteissa tarvitaan myös esihenkilön päätöksentekoa. Tämä voi olla tarpeen erityisesti silloin, kun osapuolet eivät pääse yhteisymmärrykseen tai tilanne vaatii nopeita toimenpiteitä. Esihenkilön tulee tehdä päätökset oikeudenmukaisesti ja objektiivisesti, perustellen ne selkeästi ja kommunikoiden ne asianomaisille. Päätöksenteossa on tärkeää ottaa huomioon organisaation arvot ja tavoitteet sekä työntekijöiden hyvinvointi.

4.3 Itsearviointi ja jatkuva kehittyminen

Itsearviointi ja jatkuva kehittyminen ovat olennaisia työkaluja esihenkilötyössä, sillä ne auttavat johtajia parantamaan omaa suorituskykyään ja toimimaan tehokkaammin tiimiensä tukena. Esihenkilön tulee säännöllisesti arvioida omia vahvuuksiaan ja kehitysalueitaan sekä etsiä aktiivisesti keinoja oman ammattitaitonsa kehittämiseksi. Tämä parantaa esihenkilön omaa työpanosta ja luo kulttuurin, jossa jatkuva oppiminen ja kehittyminen ovat keskiössä.

Ensimmäinen askel itsearvioinnissa on rehellinen ja avoin omien taitojen ja toiminnan tarkastelu. Esihenkilön tulee pysähtyä säännöllisesti miettimään, mikä toimii hyvin ja missä on parantamisen varaa. Tämä voi sisältää itsearviointityökalujen käyttöä, kuten SWOT-analyysiä (vahvuudet, heikkoudet, mahdollisuudet ja uhat) tai 360 asteen palautetta, jossa esihenkilö saa palautetta sekä ylhäältä, alhaalta että kollegoilta.

Jatkuva kehittyminen vaatii esihenkilöltä aktiivista oppimista ja uusien tietojen ja taitojen hankkimista. Tämä voi sisältää koulutuksiin ja seminaareihin osallistumista, ammattikirjallisuuden lukemista ja verkostoitumista muiden esihenkilöiden kanssa. Esihenkilön tulee pysyä ajan tasalla alan uusimmista kehityksistä ja parhaista käytännöistä, jotta hän voi soveltaa niitä omassa työssään.

Reflektointi on tärkeä osa jatkuvaa kehittymistä. Esihenkilön tulee säännöllisesti pohtia omia kokemuksiaan ja oppia niistä. Tämä voi sisältää menneiden projektien ja tilanteiden tarkastelua ja miettimistä, mitä olisi voinut tehdä toisin tai paremmin. Reflektointi auttaa esihenkilöä ymmärtämään omia toimintatapojaan ja tekemään tarvittavia muutoksia tulevaisuudessa. Se myös vahvistaa oppimisprosessia ja auttaa esihenkilöä kehittymään jatkuvasti.

Mentorointi ja vertaistuki ovat tehokkaita keinoja itsearvioinnin ja jatkuvan kehittymisen tukemisessa. Esihenkilö voi hyötyä mentorin ohjauksesta, joka tarjoaa ulkopuolisen näkökulman ja neuvoja ammatilliseen kasvuun. Vertaistuki, kuten osallistuminen esihenkilöverkostoihin tai -foorumeihin, tarjoaa mahdollisuuden jakaa kokemuksia ja oppia muiden esihenkilöiden haasteista ja onnistumisista. Tämä yhteisöllinen oppiminen rikastuttaa esihenkilön näkemystä ja tarjoaa uusia ideoita oman työn kehittämiseen.

Organisaation tuki on ratkaisevan tärkeää itsearvioinnin ja jatkuvan kehittymisen mahdollistamiseksi. Organisaatioiden tulisi tarjota resursseja ja mahdollisuuksia esihenkilöiden koulutukseen ja ammatilliseen kehitykseen. Tämä voi sisältää koulutusbudjetin, pääsyn ammatillisiin resursseihin ja kannustusta osallistua erilaisiin oppimistapahtumiin. Kun organisaatio tukee esihenkilöiden kehittymistä, se hyödyttää koko organisaatiota, sillä osaavat ja motivoituneet esihenkilöt voivat paremmin johtaa tiimejään ja saavuttaa organisaation tavoitteet.

Itsearviointi ja jatkuva kehittyminen ovat keskeisiä tekijöitä esihenkilötyössä. Rehellinen itsearviointi, aktiivinen oppiminen, reflektointi, mentorointi ja organisaation tuki auttavat esihenkilöitä parantamaan omaa ammattitaitoaan ja toimimaan tehokkaammin.

5. Asenne muuttuu teoiksi

5.1 Positiivinen johtaminen rakentaa luottamusta

Esihenkilön asenteet ja ajatukset työntekijöistään vaikuttavat merkittävästi hänen johtamistyyliinsä ja tiimin dynamiikkaan. Negatiiviset asenteet heijastuvat käyttäytymisessä ja kohtaamisissa, mikä voi johtaa huonoon työilmapiiriin ja heikentyneeseen suoritukseen. Positiiviset asenteet ja toiveikkuus puolestaan innostavat ja motivoivat tiimiä parempiin suorituksiin. Asenteet näkyvät mikroilmein, kuten ilmeissä, eleissä ja äänensävyissä, ja nämä pienet viestit vaikuttavat työntekijöiden kokemuksiin ja motivaatioon.

Negatiiviset asenteet johtavat usein haitallisiin käyttäytymismalleihin, kuten mikromanagerointiin, epäluottamukseen ja epäoikeudenmukaiseen kohteluun. Mikromanagerointi vähentää työntekijöiden autonomiaa ja motivaatiota, mikä luo tunteen, ettei heihin luoteta ja vähentää työn mielekkyyttä.

Epäluottamus ilmenee jatkuvana epäilynä työntekijöiden kyvykkyydestä ja rehellisyydestä, mikä heikentää työilmapiiriä ja tiimin yhteishenkeä. Työntekijät, jotka kokevat olevansa jatkuvan valvonnan alaisena, voivat kokea ahdistusta ja stressiä, mikä vaikuttaa heidän hyvinvointiinsa ja työssä jaksamiseen.
Tiedostamattomatkin asenteet voivat vahingoittaa työilmapiiriä.

Epäoikeudenmukainen suhtautuminen työntekijöihin, kuten etuoikeuksien ja resurssien epäreilu jakaminen, johtaa katkeruuteen ja vähentää työntekijöiden sitoutumista ja tyytyväisyyttä. Tämä luo epäluottamusta ja kilpailua tiimin sisällä, mikä heikentää tiimityön laatua ja yhteishenkeä.

Positiivinen ja oikeudenmukainen johtaminen rakentaa luottamusta ja yhteistyötä. Kun esihenkilö arvostaa työntekijöitään ja suhtautuu heihin kunnioittavasti, työntekijät tuntevat itsensä arvostetuiksi ja motivoituneiksi. Tämä luo pohjan terveelle ja tuottavalle työilmapiirille, jossa työntekijät voivat kukoistaa ja saavuttaa parhaansa.

5.1 Itseään toteuttava ennuste

Itseään toteuttava ennuste on ilmiö, jossa esihenkilön asenteet ja odotukset työntekijöistään vaikuttavat heidän suoriutumiseensa ja käytökseensä. Kun esihenkilö odottaa työntekijöiltään paljon, heillä on taipumus kohdata ja ylittää nämä odotukset. Alhaiset odotukset taas voivat johtaa heikkoon suoriutumiseen. Esihenkilön mikroilmeet ja tiedostamattomat asenteet voivat vahvistaa tätä ilmiötä, sillä työntekijät aistivat herkästi, mitä heiltä odotetaan.

Esihenkilöiden tulee olla tietoisia tästä ilmiöstä ja pyrkiä aktiivisesti kehittämään positiivisia ja kannustavia odotuksia työntekijöitään kohtaan. Tämä voi sisältää omien asenteiden ja uskomusten arviointia sekä tavoitteiden asettamista, jotka haastavat työntekijöitä kehittymään ja ylittämään itsensä.

Positiiviset odotukset ja kannustava ilmapiiri luovat perustan, jossa työntekijät kokevat olevansa osa merkityksellistä ja arvostettua yhteisöä. Tämä lisää heidän sitoutumistaan ja halukkuuttaan ylittää itsensä. Esihenkilön odotukset toimivat voimakkaana ohjaavana tekijänä, joka vaikuttaa suoraan työyhteisön suoriutumiseen ja hyvinvointiin.

5.2 Odotukset ohjaavat suoritusta

Tutkimukset osoittavat, että esihenkilön asenteet ja odotukset vaikuttavat suoraan työntekijöiden suoriutumiseen ja hyvinvointiin. Esimerkiksi Harvard Business Review -julkaisussa esitellyn tutkimuksen mukaan esihenkilöt, joilla oli positiiviset odotukset työntekijöidensä suorituksesta, näkivät näiden usein ylittävän odotukset ja parantavan suoritustaan.

Kun esihenkilö uskoo työntekijöidensä kykyihin ja mahdollisuuksiin, hän on taipuvaisempi tarjoamaan heille enemmän tukea, palautetta ja kehitysmahdollisuuksia. Tämä kannustaa työntekijöitä pyrkimään parempiin suorituksiin ja kehittymään ammatillisesti. Mikroilmeet ja muut tiedostamattomat viestit voivat vahvistaa näitä odotuksia ja lisätä työntekijöiden motivaatiota.

Negatiiviset odotukset voivat rajoittaa esihenkilön halukkuutta tukea työntekijöitä ja tarjota heille kehitysmahdollisuuksia, mikä johtaa heikompaan suoriutumiseen. Työntekijät, joilta ei odoteta paljon, eivät usein koe saavansa riittävästi tukea ja resursseja, mikä heikentää heidän motivaatiotaan ja sitoutumistaan työhönsä. Tämä voi olla seurausta myös esihenkilön tiedostamattomista asenteista ja mikroilmeistä, jotka vaikuttavat työntekijöiden käsitykseen heidän kyvyistään.

Positiiviset odotukset ja kannustava ilmapiiri luovat perustan, jossa työntekijät voivat kokea olevansa osa merkityksellistä ja arvostettua yhteisöä. Tämä lisää heidän sitoutumistaan ja halukkuuttaan ylittää itsensä. Esihenkilön odotukset toimivat voimakkaana ohjaavana tekijänä, joka vaikuttaa suoraan työyhteisön suoriutumiseen ja hyvinvointiin.

5.3 Toimiva johtajuus vaatii itsetutkiskelua

Esihenkilön on tärkeää tiedostaa omat asenteensa ja aktiivisesti pyrkiä kehittämään positiivinen ja rakentava suhtautumistapa työntekijöihinsä. Tämä voi sisältää omien ennakkoluulojen ja ajattelutapojen tarkastelua sekä tietoista pyrkimystä antaa reilua ja kannustavaa palautetta. Positiivinen asenne heijastuu työntekijöiden kohtaamisessa arvostuksena ja luottamuksena, mikä luo perustan terveelle ja tuottavalle työilmapiirille.

Omien asenteiden tarkastelu ja tarvittaessa muuttaminen on keskeinen osa toimivaa johtajuutta. Esihenkilön tulee olla tietoinen siitä, miten hänen asenteensa ja toimintatapansa vaikuttavat tiimin dynamiikkaan ja työntekijöiden suoritukseen. Tämä vaatii jatkuvaa itsetutkiskelua ja halua kehittyä paremmaksi johtajaksi. Mikroilmeet ja tiedostamattomat viestit ovat osa tätä prosessia, ja niiden tiedostaminen voi auttaa esihenkilöä parantamaan vuorovaikutustaan.

Koulutus ja itsensä kehittäminen ovat tärkeitä työkaluja esihenkilöille, jotka haluavat parantaa johtamistaitojaan ja oppia tunnistamaan sekä muuttamaan negatiivisia ajatusmalleja. Esimerkiksi osallistuminen johtamiskoulutuksiin ja työpajoihin voi auttaa esihenkilöitä saamaan uusia näkökulmia ja kehittämään positiivisia johtamistapoja.

Esihenkilön on myös tärkeää saada palautetta omasta toiminnastaan. Tämä voi tapahtua esimerkiksi anonyymien kyselyjen tai suoran palautteen kautta, jolloin esihenkilö saa arvokasta tietoa siitä, miten hänen johtamistapansa koetaan työntekijöiden keskuudessa. Palautteen perusteella esihenkilö voi tehdä tarvittavia muutoksia parantaakseen tiimin hyvinvointia ja suoriutumista.

6. Valmentavan johtamisen esimerkkitilanteet

6.1 Kehityskeskustelut

Kehityskeskustelut ovat keskeinen työkalu valmentavassa johtamisessa, ja ne tarjoavat esihenkilölle mahdollisuuden tukea työntekijöiden henkilökohtaista kasvua ja ammatillista kehittymistä. Näiden keskustelujen avulla esihenkilö voi kartoittaa työntekijöiden tavoitteita, haasteita ja kehitystarpeita, tarjoten samalla ohjausta ja tukea näiden tavoitteiden saavuttamiseksi. Tässä esitetään viisi käytännönläheistä esimerkkitilannetta kehityskeskustelujen hyödyntämisestä.

Ensimmäinen esimerkki on työntekijän urakehityksen tukeminen. Kehityskeskustelussa esihenkilö voi kysyä työntekijältä hänen uratavoitteistaan ja siitä, millaisia taitoja tai kokemuksia hän haluaisi kehittää tulevaisuudessa. Esihenkilö voi yhdessä työntekijän kanssa laatia suunnitelman, joka sisältää konkreettisia toimenpiteitä, kuten koulutuksiin osallistumista, mentorointia tai uusien projektien parissa työskentelyä. Tämä auttaa työntekijää näkemään selkeän polun ammatilliseen kasvuun ja lisää motivaatiota.

Toinen käytännön esimerkki on työntekijän nykyisten tehtävien arviointi ja kehittäminen. Kehityskeskustelussa esihenkilö voi pyytää työntekijää pohtimaan, mitkä nykyiset työtehtävät sujuvat hyvin ja missä hän näkee parantamisen varaa. Esihenkilö voi sitten tarjota palautetta ja ehdottaa konkreettisia keinoja suorituksen parantamiseksi.

Kolmas esimerkki on henkilökohtaisten taitojen kehittäminen. Kehityskeskustelussa esihenkilö voi tunnistaa työntekijän vahvuudet ja keskustella, miten näitä taitoja voitaisiin hyödyntää paremmin työssä. Samalla voidaan tunnistaa kehitysalueet ja laatia suunnitelma niiden vahvistamiseksi. Tämä voi sisältää esimerkiksi viestintätaitojen parantamista, ajanhallinnan kehittämistä tai stressinhallintatekniikoiden opettelua. Tällainen yksilöllinen lähestymistapa auttaa työntekijää kehittymään kokonaisvaltaisesti.

Neljäs esimerkki on palautteen antaminen ja vastaanottaminen. Kehityskeskustelut tarjoavat erinomaisen tilaisuuden antaa palautetta työntekijän suoriutumisesta ja keskustella siitä avoimesti. Esihenkilön tulee antaa palautetta sekä positiivisista suorituksista että kehitysalueista, ja samalla rohkaista työntekijää antamaan palautetta esihenkilön toiminnasta. Tämä kaksisuuntainen palaute vahvistaa luottamusta ja edistää jatkuvaa kehitystä molemmilla osapuolilla.

Viides esimerkki on työhyvinvoinnin ja tasapainon tukeminen. Kehityskeskustelussa esihenkilö voi ottaa esille työntekijän työhyvinvoinnin ja jaksamisen. Kysymykset, kuten *"Miten koet työmääräsi tällä hetkellä?"* tai *"Onko jotain, mitä voisimme tehdä parantaaksemme työhyvinvointiasi?",* auttavat kartoittamaan työntekijän tilannetta. Esihenkilö voi tarjota tukea ja resursseja, kuten joustavia työaikajärjestelyjä tai hyvinvointiohjelmia, auttaakseen työntekijää löytämään paremman tasapainon työn ja vapaa-ajan välillä.

Yhteenvetona kehityskeskustelut ovat arvokas työkalu esihenkilöille, jotka haluavat tukea työntekijöidensä henkilökohtaista ja ammatillista kasvua. Näiden keskustelujen avulla esihenkilöt voivat auttaa työntekijöitä saavuttamaan uratavoitteensa, parantamaan työtehtäviään, kehittämään henkilökohtaisia taitoja, saamaan palautetta ja ylläpitämään työhyvinvointia. Tällainen valmentava lähestymistapa luo positiivisen ja kehittävän työympäristön, joka hyödyttää sekä työntekijöitä että organisaatiota kokonaisuudessaan.

6.2 Tiimityö ja motivaatio

Valmentava johtaminen tarjoaa monia käytännönläheisiä tapoja parantaa tiimityötä ja lisätä työntekijöiden motivaatiota. Esihenkilön rooli on tässä keskeinen, sillä hän voi luoda ympäristön, jossa yhteistyö ja yhteiset tavoitteet ovat etusijalla. Seuraavassa esitetään viisi käytännönläheistä esimerkkitilannetta, joissa valmentavaa johtamista voidaan soveltaa tiimityön parantamiseen ja motivaation lisäämiseen.

Ensimmäinen esimerkki on tiimipalaverit, joissa korostetaan avointa vuorovaikutusta ja kaikkien mielipiteiden huomioimista. Esihenkilö voi aloittaa palaverin kysymällä jokaiselta tiimin jäseneltä heidän näkemyksiään ja ideoitaan käsiteltävistä asioista. Tämä rohkaisee kaikkia osallistumaan keskusteluun ja tuo esille monipuolisia näkökulmia. Esimerkiksi varhaiskasvatuksessa tiimipalaverit voivat keskittyä pedagogisten menetelmien kehittämiseen tai lasten hyvinvointiin liittyviin kysymyksiin.

Toinen käytännön esimerkki on yhteisten tavoitteiden asettaminen. Esihenkilö voi yhdessä tiimin kanssa määrittää selkeät, mitattavissa olevat tavoitteet, jotka kaikki tiimin jäsenet ymmärtävät ja joihin he sitoutuvat. Tavoitteiden asettaminen yhdessä lisää motivaatiota, koska työntekijät kokevat olevansa osa prosessia ja heillä on selkeä käsitys siitä, mitä heiltä odotetaan. Tämä lisää myös yhteisöllisyyden tunnetta ja yhteenkuuluvuutta.

Kolmas esimerkki on tiimiytymispäivien järjestäminen. Näiden päivien aikana tiimi voi osallistua erilaisiin aktiviteetteihin, jotka edistävät yhteistyötä ja vahvistavat tiimihenkeä. Esihenkilö voi suunnitella ohjelman, joka sisältää esimerkiksi ryhmätehtäviä, ongelmanratkaisuharjoituksia ja rentouttavia aktiviteetteja. Tiimiytymispäivät tarjoavat mahdollisuuden oppia tuntemaan kollegat paremmin ja rakentaa vahvempia ihmissuhteita työpaikalla.

Neljäs esimerkki on jatkuva palautteen anto tiimityön parantamiseksi. Esihenkilö voi säännöllisesti antaa palautetta koko tiimille sen suoriutumisesta ja ehdottaa parannuksia, mutta myös pyytää tiimiläisiä antamaan palautetta toisilleen. Tämä luo avoimen ilmapiirin, jossa kaikki voivat oppia toisiltaan ja kehittää toimintaansa..

Viides esimerkki on yksilöllisten motivaatiotekijöiden tunnistaminen ja hyödyntäminen. Esihenkilön tulee keskustella jokaisen tiimin jäsenen kanssa ja selvittää, mikä heitä motivoi ja millaiset tehtävät he kokevat palkitseviksi. Näiden tietojen perusteella esihenkilö voi yrittää sovittaa työtehtäviä ja projekteja siten, että ne vastaavat paremmin työntekijöiden vahvuuksia ja kiinnostuksen kohteita. Tämä lisää työn mielekkyyttä ja motivaatiota, kun työntekijät kokevat, että heidän panoksensa ja osaamisensa ovat arvostettuja.

Valmentavan johtamisen avulla esihenkilö voi merkittävästi parantaa tiimityötä ja lisätä työntekijöiden motivaatiota. Tiimipalaverit, yhteisten tavoitteiden asettaminen, tiimiytymispäivät, jatkuva palaute ja yksilöllisten motivaatiotekijöiden hyödyntäminen ovat kaikki käytännönläheisiä keinoja, joilla esihenkilö voi edistää yhteistyötä ja sitoutumista. Näiden esimerkkien avulla esihenkilö voi luoda tiimin, joka on motivoitunut, tehokas ja valmis kohtaamaan tulevaisuuden haasteet yhdessä.

6.3 Muutostilanteiden hallinta

Muutostilanteiden hallinta ja sopeutuminen uusiin toimintatapoihin ovat keskeisiä valmentavan johtamisen osa-alueita. Esihenkilön tehtävänä on auttaa tiimiään navigoimaan muutosten läpi mahdollisimman sujuvasti ja tukea heitä uusien käytäntöjen omaksumisessa. Seuraavassa esitetään viisi käytännönläheistä esimerkkitilannetta, joissa valmentavaa johtamista voidaan soveltaa muutostilanteiden hallintaan ja sopeutumiseen.

Kun organisaatiossa tapahtuu muutos, kuten uusi toimintatapa tai prosessi, esihenkilön tulee kommunikoida muutoksen syyt ja tavoitteet selkeästi ja ajoissa tiimilleen. Tässä puhutaan siis muutosviestinnästä. Tämä auttaa työntekijöitä ymmärtämään muutoksen taustat ja sen merkityksen. Esihenkilö voi järjestää infotilaisuuksia, joissa hän selittää muutoksen tarpeen ja vastailee työntekijöiden kysymyksiin. Esimerkiksi varhaiskasvatuksessa tämä voisi tarkoittaa uusien pedagogisten menetelmien tai digitaalisten työkalujen käyttöönottoa.

Toinen käytännön esimerkki on muutosvastarinnan käsittely. Esihenkilön tulee ymmärtää, että muutokset voivat aiheuttaa epävarmuutta ja siksi vastarintaa työntekijöiden keskuudessa. Hän voi keskustella avoimesti työntekijöiden huolista ja peloista, kuunnella heidän näkemyksiään ja tarjota tukea. Esihenkilö voi käyttää valmentavia kysymyksiä, kuten *"Miten voin*

auttaa sinua sopeutumaan tähän muutokseen?" tai
"Mitkä asiat sinua erityisesti huolestuttavat?",
auttaakseen työntekijöitä käsittelemään tunteitaan ja
löytämään tapoja sopeutua.

Muutostilanteissa työntekijöillä saattaa olla tarvetta
uuden osaamisen kehittämiseen. Esihenkilö voi järjestää
koulutuksia ja valmennustilaisuuksia, joissa työntekijät
oppivat tarvittavat taidot ja saavat käytännön ohjausta
uusien toimintatapojen omaksumiseksi.

Tiimiä ja sen jäseniä on tuettava erilaisten muutosten
aikana. Esihenkilön tulee olla erityisen läsnä ja tukea
tiimiään muutoksen aikana ja tarjota jatkuvaa palautetta
ja rohkaisua. Hän voi seurata tiimin edistymistä ja
tarvittaessa tehdä hienosäätöjä toimintatapoihin, jotta
ne toimivat paremmin käytännössä. Esihenkilö voi myös
tunnistaa ja juhlistaa pieniäkin onnistumisia, mikä auttaa
ylläpitämään motivaatiota ja positiivista asennetta
muutosta kohtaan.

Viides esimerkki on muutosjohtamisen seuranta ja
arviointi. Muutoksen käyttöönoton jälkeen esihenkilön
tulee seurata sen vaikutuksia ja arvioida, miten hyvin
uudet toimintatavat toimivat. Tämä voi sisältää
palautteen keräämistä työntekijöiltä, suoritusmittarien
analysointia ja tarvittaessa muutosten hienosäätöä.
Esihenkilö voi käyttää valmentavia keskusteluja
selvittääkseen, miten työntekijät kokevat muutoksen ja
mitä parannuksia voitaisiin tehdä.

Valmentava johtaminen tarjoaa tehokkaita keinoja muutostilanteiden hallintaan ja sopeutumiseen uusiin toimintatapoihin. Selkeä muutosviestintä, muutosvastarinnan käsittely, koulutus ja valmennus, tiimin tukeminen sekä muutoksen seuranta ja arviointi ovat keskeisiä käytännönläheisiä toimia, joilla esihenkilö voi auttaa tiimiään sopeutumaan ja menestymään muutoksissa.

7. Ihmisten tunteet työssä

7.1 Tunteiden erottaminen työstä

"Tunteet eivät kuulu työpaikalle." Tämä ajatus on perinteisessä työelämässä ollut monelle johtajalle lähtökohta. Tunteiden eristäminen työelämästä saattaisi tuntua houkuttelevalta, koska silloin voisi keskittyä pelkästään työn substanssiin. Ruuvien pyörittäminen, viivakoodien lukeminen ja vesipumppujen asentaminen sujuisivat mutkattomammin, kun tunteet eivät häiritsisi keskittymistä. Työhyvinvointi hoidettaisiin palkkakuitissa ja kehityskeskustelut olisivat tarpeettomia.

Kuitenkin nykymaailmassa tämä ajattelutapa on vanhentunut ja epärealistinen. Kaikilla ihmisillä on tunteita ja niiden täydellinen eristäminen työajasta on mahdotonta. Elämän tapahtumat kuten perheenjäsenten sairastuminen, lasten kouluongelmat tai taloudelliset huolet vaikuttavat väistämättä työssä jaksamiseen ja suoriutumiseen. Samoin työn stressi ja paineet heijastuvat vapaa-aikaan. Ajatus siitä, että työelämän ja henkilökohtaisen elämän voisi kokonaan erottaa toisistaan, on käytännössä mahdoton.

7.2 Tunteiden hallinta

Vaikka tunteita ei voi täysin eristää työstä, on tärkeää, että ihmiset oppivat hallitsemaan niitä työympäristössä. Impulssikontrolli on keskeinen yhteisöllisen toiminnan perusta, eikä se muutu työyhteisössä. Vaikka tunteiden olemassaolo tunnustetaan, ei mitä tahansa tunteita saa ilmaista millä tahansa tavalla työpaikalla. On harvoja työyhteisöjä, joissa tunteiden täysin rajaton ilmaisu olisi mahdollista tai edes toivottavaa. Tasaisen ja turvallisen työyhteisökulttuurin saavuttaminen edellyttää tunteiden rakentavaa käsittelyä ja hallintaa.

Onneksi tunteet voivat myös edistää työntekoa positiivisesti. Ne voivat lisätä innostusta, uteliaisuutta, ahkeruutta ja yhteisöllisyyttä – juuri niitä asioita, joita työyhteisö kaipaa. Innostuneet työntekijät ylittävät odotuksia, opiskelevat uusia taitoja ja toimivat empaattisesti kollegoitaan kohtaan. Tunteet voivat myös johtaa parempiin ratkaisuihin, kun työntekijät ärtyvät työvaiheiden ongelmista ja kehittävät niihin uusia, tehokkaampia menetelmiä.

7.3 Tunteiden käsittelyn tukeminen

Työpaikalla tunteiden rakentava käsittely voidaan aloittaa luomalla avoin ja tukeva ilmapiiri, jossa työntekijöitä rohkaistaan ilmaisemaan tunteitaan turvallisesti. Johtajat ja esihenkilöt voivat toimia esimerkkinä osoittamalla empatiaa ja ymmärrystä sekä tarjoamalla työntekijöille mahdollisuuden puhua haasteistaan. Joillakin työpaikoilla on järjestetty koulutuksia ja työpajoja, joissa keskitytään tunneälykkyyden kehittämiseen, stressinhallintatekniikoihin ja konfliktinratkaisutaitoihin.

Rakentavaa tunteiden käsittelyä tuetaan myös joustavilla työjärjestelyillä ja työntekijöiden hyvinvointia tukevilla palveluilla, kuten työterveyshuollolla ja henkilöstön tukiohjelmilla. Työntekijöiden henkilökohtaisia haasteita tulisi kohdella ymmärryksellä ja tukea heidän tarpeitaan mahdollisimman hyvin. Tämä voi tarkoittaa joustavuutta työaikojen ja -tehtävien suhteen, mahdollisuutta työskennellä etänä tai lisävapaiden myöntämistä henkilökohtaisten kriisien aikana.

Työnantajan on tärkeää luoda kulttuuri, jossa työntekijät tuntevat voivansa puhua henkilökohtaisista haasteistaan ilman pelkoa leimautumisesta tai negatiivisista seurauksista urallaan. Työnantajan tulee osoittaa selkeästi, että työntekijöiden hyvinvointi on prioriteetti ja että tukea on saatavilla, kun työntekijät kohtaavat henkilökohtaisia vaikeuksia.

8. Harjoituksia lähijohtamisen kehittämiseen

Esihenkilötyö on jatkuvaa oppimista ja kehittymistä, ja tehokas esihenkilö kehittää jatkuvasti omia taitojaan parantaakseen tiiminsä suorituskykyä ja hyvinvointia. Seuraavilla sivuilla esitellään harjoituksia, jotka auttavat esihenkilöä parantamaan osaamistaan eri osa-alueilla, kuten viestinnässä, palautteen antamisessa, konfliktinratkaisussa ja itsensä kehittämisessä.

Näissä harjoituksissa yksi tärkeimmistä ja tehokkaimmista tekijöistä on reflektio, eli sinun oma pohdintasi asioista, jotka onnistuivat tai jotka tuntuivat hankalimmilta. Reflektion avulla saat parhaan käsityksen siitä, millainen lähiesihenkilö sinä olet.

1. Viestintäharjoitukset

Harjoitus 1: Aktiivinen kuuntelu

Tavoite: Parantaa esihenkilön kykyä kuunnella aktiivisesti ja osoittaa empatiaa työntekijöille.

Ohjeet:

1. **Valitse pari:** Valitse yksi henkilö, jonka kanssa harjoittelet.

2. **Keskustelun aihe:** Valitse aihe, josta työntekijä haluaa keskustella, kuten työprojekti tai henkilökohtainen haaste.

3. **Kuuntele aktiivisesti:** Keskustelun aikana keskity kuuntelemaan työntekijän sanomaa ilman keskeyttämistä. Kiinnitä huomiota kehon kieleen ja äänen sävyyn.

4. **Parafraasi:** Kun työntekijä on puhunut, toista kuulemasi omin sanoin varmistaaksesi, että ymmärsit oikein.

5. **Kysy avoimia kysymyksiä:** Esitä kysymyksiä, jotka kannustavat työntekijää kertomaan lisää, kuten "Mitä muuta haluaisit jakaa tästä aiheesta?" tai "Miten voin tukea sinua tässä tilanteessa?"

Reflektio: Kirjoita ylös, mitä opit harjoituksesta ja miten voit soveltaa oppimaasi tulevaisuudessa.

2. Palautteen antaminen

Palautekortit

Tavoite: Harjoitella konkreettisen ja rakentavan palautteen antamista.

Ohjeet:

1. **Valmistele kortit:** Kirjoita korteille eri palautetilanteita, kuten "Työntekijä suoriutui erinomaisesti haastavasta projektista" tai "Työntekijä ei täyttänyt määräaikaa."

2. **Simuloi tilanne:** Valitse yksi kortti ja simuloi tilanne, jossa annat palautetta työntekijälle. Käytä seuraavaa kaavaa:

   o Aloita positiivisella huomautuksella.

   o Kerro konkreettinen havainto suorituksesta.

   o Ehdota kehitysalue tai parannuskeino.

   o Päätä positiivisella ja kannustavalla kommentilla.

Reflektio: Pohdi, miltä palautteen antaminen tuntui ja mitä voit oppia saadaksesi palautteesta vieläkin vaikuttavampaa.

3. Konfliktinratkaisuharjoitukset

Roolipelit

Tavoite: Kehittää esihenkilön kykyä ratkaista konflikteja rakentavasti.

Ohjeet:

1. **Valitse tilanne:** Valitse tyypillinen konfliktitilanne, joka voisi syntyä työpaikalla, kuten erimielisyys projektin etenemisestä tai henkilökemioiden yhteentörmäys.

2. **Roolijako:** Pyydä kahta henkilöä osallistumaan roolipeliin, jossa he esittävät konfliktin osapuolia.

3. **Esihenkilön rooli:** Toimi itse konfliktinratkaisijana ja käytä fasilitoinnin tekniikoita, kuten:

   o Kuuntele molempien osapuolten näkökulmat.

   o Tunnista ja nimeä konfliktin ydin.

   o Auta osapuolia löytämään yhteinen ratkaisu ja sopimaan seuraavista askeleista.

Reflektio: Kirjoita ylös, mikä meni hyvin ja mitä voisit tehdä toisin seuraavalla kerralla.

4. Itsearviointi ja kehittyminen

360 asteen palaute

Tavoite: Saada kattavaa palautetta omasta johtamistyylistä ja tunnistaa kehitysalueet.

Ohjeet:

1. **Kerää palaute:** Pyydä palautetta johdettavilta työntekijöiltä, kollegoilta ja omalta esihenkilöltäsi käyttäen valmiita kyselylomakkeita tai avoimia kysymyksiä.

2. **Analysoi tulokset:** Tarkastele saamaasi palautetta ja etsi toistuvia teemoja ja palautteen kohteita.

3. **Aseta tavoitteet:** Perustaen saamaasi palautteeseen, aseta itsellesi 2-3 konkreettista tavoitetta, jotka auttavat sinua kehittämään johtamistaitojasi.

4. **Seuraa edistymistä:** Tee suunnitelma, miten seuraat tavoitteidesi edistymistä ja arvioi säännöllisesti omaa kehittymistäsi.

Reflektio: Pohdi, mitkä olivat tärkeimmät oivallukset palautteen perusteella ja miten aiot käyttää näitä oivalluksia parantaaksesi omaa johtajuuttasi.

Millainen johtaja olet?

Selvitä, millainen johtaja olet vastaamalla seuraaviin kymmeneen kysymykseen. Valitse vaihtoehto, joka kuvaa parhaiten toimintaasi tai ajatusmaailmaasi kussakin tilanteessa.

1. Miten toimit, kun tiimisi kohtaa merkittävän haasteen?

a) Keskityn strategiseen suunnitteluun ja annan selkeät ohjeet tiimille haasteen ratkaisemiseksi.
b) Kysyn tiimiltä ideoita ja kannustan heitä yhdessä löytämään ratkaisun.
c) Tarkkailen tilannetta, annan tiimille itsenäisyyttä ja puutun vain, jos tilanne ei etene.
d) Yritän selvittää taustalla olevat syyt ja tuen tiimiä emotionaalisesti haasteen läpi.

2. Kuinka usein annat palautetta työntekijöillesi?

a) Annan palautetta säännöllisesti ja pidän huolen, että se on hyvin perusteltua ja kehittävää.
b) Annan palautetta heti, kun näen jotain merkittävää, sekä positiivista että rakentavaa.
c) Annan palautetta vain tarvittaessa, kun työn laatu tai käyttäytyminen vaatii sitä.
d) Annan jatkuvaa palautetta ja keskustelen työntekijöiden kanssa heidän kehitystarpeistaan.

3. Miten suhtaudut muutoksiin organisaatiossasi?

a) Laadin selkeän strategian muutoksen toteuttamiseksi ja kommunikoimaan sen kaikille.

b) Keskustelen tiimin kanssa muutoksen vaikutuksista ja kuuntelen heidän näkemyksiään.

c) Annan tiimille mahdollisuuden sopeutua muutokseen itsenäisesti ja puutun vain tarvittaessa.

d) Pyrin lieventämään muutosvastarintaa tukemalla tiimiä ja auttamalla heitä sopeutumaan.

4. Miten ratkaiset tiimissäsi esiintyvät konfliktit?

a) Puutun asiaan välittömästi, teen päätöksiä ja asetan selvät suuntaviivat konfliktin ratkaisemiseksi.

b) Fasilitoin keskustelua konfliktin osapuolten välillä ja autan heitä löytämään yhteisen ratkaisun.

c) Annan tiimin itse ratkaista konfliktit ja puutun vain, jos ne häiritsevät merkittävästi työskentelyä.

d) Keskustelen yksilöiden kanssa, yritän ymmärtää heidän näkökulmiaan ja tuen heitä ratkaisun löytämisessä.

5. Mikä on tärkein tavoitteesi esihenkilönä?

a) Varmistaa, että tiimi saavuttaa organisaation strategiset tavoitteet.

b) Kehittää tiimin jäsenten taitoja ja tukea heidän ammatillista kasvuaan.

c) Luoda tiimi, joka toimii itsenäisesti ja saavuttaa tavoitteensa ilman jatkuvaa ohjausta.

d) Pitää yllä positiivista työilmapiiriä ja varmistaa työntekijöiden hyvinvointi.

6. Miten johdat tiimisi suoriutumista päivittäisessä työssä?

a) Seuraan tarkasti tiimin edistymistä ja annan jatkuvaa ohjausta.

b) Annan tiimin itse asettaa tavoitteet ja työskentelen heidän kanssaan niiden saavuttamiseksi.

c) Varmistan, että tiimillä on selkeät tavoitteet ja annan heille tilaa työskennellä itsenäisesti.

d) Keskityn enemmän tukemaan tiimin jäseniä heidän päivittäisissä haasteissaan ja tarpeissaan.

7. Kuinka käsittelet työntekijöiden virheitä ja epäonnistumisia?

a) Analysoin virheen syyt ja annan selkeitä ohjeita virheen korjaamiseksi ja välttämiseksi tulevaisuudessa.

b) Keskustelen työntekijän kanssa ja autan häntä oppimaan virheestä ja kehittämään taitojaan.

c) Annan työntekijän itse arvioida virheen ja löytää ratkaisut sen korjaamiseksi.

d) Tuon esille, että virheet ovat oppimisen paikkoja, ja tuen työntekijää prosessissa.

8. Miten motivoit tiimiäsi?

a) Asettamalla selkeät tavoitteet ja palkitsemalla niiden saavuttamisesta.

b) Kysymällä tiimiltä, mikä heitä motivoi, ja luomalla ympäristön, joka tukee heidän motivaatiotekijöitään.

c) Antamalla tiimille itsenäisyyttä ja luottamusta, jotta he voivat löytää oman motivaationsa.

d) Luomalla positiivisen ja tukevan työympäristön, jossa työntekijät tuntevat olonsa arvostetuiksi.

9. Kuinka käsittelet tiimissäsi syntyviä uusia ideoita ja innovaatioita?

a) Arvioin ideat tarkasti ja päätän, mitkä niistä otetaan käyttöön.

b) Kannustan tiimiä jakamaan ideoitaan ja autan heitä kehittämään niitä yhdessä.

c) Annan tiimille vapauden kokeilla uusia ideoita ja arvioin niiden toimivuutta jälkeenpäin.

d) Tuon esille, että kaikki ideat ovat tervetulleita ja tärkeitä, ja luon tilaa innovatiiviselle ajattelulle.

10. Miten tasapainotat työnantajan ja työntekijöiden edut?

a) Asetan organisaation tavoitteet etusijalle ja varmistan, että tiimi työskentelee niiden saavuttamiseksi.

b) Keskustelen sekä työnantajan että työntekijöiden kanssa löytääkseni parhaan mahdollisen kompromissin.

c) Luotan siihen, että työntekijät osaavat itse tasapainottaa omat tarpeensa organisaation tavoitteiden kanssa.

d) Pyrin aina varmistamaan, että työntekijöiden hyvinvointi ja työssä viihtyminen ovat keskiössä.

Tulokset:

- **Eniten a-vastauksia:** Olet **strateginen johtaja**, joka keskittyy tavoitteiden saavuttamiseen ja selkeään viestintään. Sinulla on kyky suunnitella ja ohjata tiimiä kohti pitkän aikavälin tavoitteita.

- **Eniten b-vastauksia:** Olet **valmentava johtaja**, joka tukee tiimin kehitystä ja korostaa avointa vuorovaikutusta. Arvostat työntekijöidesi mielipiteitä ja pyrit kehittämään heidän taitojaan jatkuvasti.

- **Eniten c-vastauksia:** Olet **itsenäisyyttä korostava johtaja**, joka luottaa tiimiinsä ja antaa heille vapauden työskennellä omalla tavallaan. Puutut asioihin vain tarvittaessa ja annat tiimin kantaa vastuuta.

- **Eniten d-vastauksia:** Olet **emotionaalisesti tukeva johtaja**, joka panostaa tiimin hyvinvointiin ja psykologiseen turvallisuuteen. Tunnistat työntekijöiden tunteet ja pyrit luomaan positiivisen ja kannustavan työympäristön.

Tämä kevyt ja leikkimielinen testi voi antaa suuntaviivoja siihen, millaista johtajuutta sinä toteutat. Huomaa, että hyvän johtajan on kyettävä sopeuttamaan johtamistyyliään eri tilanteisiin. Siksi kategorinen laatikkomalli yhdestä hyvästä johtamistyylistä ei ole realismia.

Case: Työuupumuksen merkkejä tiimissä

Tilanne:

Yksi tiimin jäsenistä, Laura, on alkanut näyttää työuupumuksen merkkejä. Hän on ollut tavallista väsyneempi, hänen suoritustasonsa on laskenut, ja hän on ollut aiempaa vetäytyneempi tiimipalavereissa. Laura on aiemmin ollut erittäin motivoitunut ja tuottelias työntekijä, joten esihenkilö, Antti, on huolestunut näistä muutoksista. Antti haluaa puuttua tilanteeseen mahdollisimman pian ennen kuin Lauran tilanne pahenee ja vaikuttaa negatiivisesti koko tiimiin.

Impulssit, joita esihenkilö havaitsee:

Laskenut suoritustaso:

Laura tekee enemmän virheitä työssään ja suoriutuu tehtävistään hitaammin kuin aikaisemmin.

Hänen projektinsa ovat myöhässä, eikä hän pysty pitämään kiinni aikatauluista.

Vetäytyminen ja passiivisuus:

Laura on ollut hiljaisempi tiimipalavereissa eikä osallistu keskusteluihin tai päätöksentekoon yhtä aktiivisesti kuin ennen.

Hän on alkanut vältellä sosiaalista vuorovaikutusta työpaikalla, esimerkiksi lounastaukojen aikana.

Fyysiset ja emotionaaliset merkit:

Laura vaikuttaa väsyneeltä ja uupuneelta, ja hänellä on vaikeuksia keskittyä.

Hän saattaa olla ärtyneempi ja herkempi stressaavissa tilanteissa.

Epävirallinen palaute:

Muut tiimin jäsenet ovat ilmaisseet huolensa Lauran jaksamisesta ja ovat huomanneet muutoksia hänen käyttäytymisessään.

Tiimiläiset ovat kertoneet, että Laura on viime aikoina jättänyt enemmän tehtäviä kesken ja pyytänyt apua asioissa, jotka hän ennen hoiti itsenäisesti.

Harjoitus:

Tilanteen kartoitus:

Miten lähestyt Lauraa keskustellaksesi hänen kanssaan huomaamistasi muutoksista ja tarjotaksesi tukea?

Kuinka keräät lisätietoa Lauran työkuormasta ja mahdollisista stressitekijöistä hänen työssään ja henkilökohtaisessa elämässään?

Mitä toimia otat käyttöön kartoittaaksesi tiimin työkuormaa ja työhyvinvointia yleisemmin?

Ratkaisukeskeinen lähestyminen:

Miten suunnittelet yhdessä Lauran kanssa konkreettisia toimenpiteitä hänen hyvinvointinsa parantamiseksi, kuten työtehtävien uudelleenjärjestelyä tai työaikojen joustavoittamista?

Kuinka varmistat, että Laura saa tarvittavaa tukea, kuten työterveyshuollon palveluita tai mahdollisuutta ammatilliseen apuun?

Millaisia käytäntöjä otat käyttöön tiimin työkuorman tasapainottamiseksi ja työhyvinvoinnin edistämiseksi pitkällä aikavälillä?

Seuranta ja tuki:

Miten seuraat Lauran tilannetta ja varmistat, että hänen hyvinvointinsa paranee suunniteltujen toimenpiteiden myötä?

Kuinka säännöllisesti käyt palautekeskusteluja Lauran kanssa ja tarjoat hänelle mahdollisuuden ilmaista tuntemuksiaan ja tarpeitaan?

Mitä toimia teet varmistaaksesi, että tiimissä on jatkuvasti hyvä ilmapiiri ja että työuupumuksen merkit tunnistetaan ja niihin puututaan ajoissa?

Case: Konflikti tiimin jäsenten välillä

Tilanne:

Kahden tiimin jäsenen, Merjan ja Tomin, välillä on kehittynyt jatkuva konflikti, joka on alkanut vaikuttaa tiimin ilmapiiriin ja yhteistyöhön. Merja on kokenut, että Tomi aliarvioi hänen työpanostaan ja antaa jatkuvasti kriittistä palautetta julkisesti, mikä on heikentänyt hänen itsetuntoaan. Tomi puolestaan kokee, että Merja ei ota hänen ehdotuksiaan vakavasti ja haittaa tiimin tehokkuutta. Konflikti on kärjistynyt ja heijastuu nyt koko tiimiin, aiheuttaen jännitteitä ja vaikuttaen työnteon sujuvuuteen.

Impulssit, joita esihenkilö havaitsee:

Suorat konfliktit ja väittelyt:

Merja ja Tomi osallistuvat kiivaisiin väittelyihin tiimipalavereissa, mikä tekee muiden tiimin jäsenten olon epämukavaksi.

Heidän välinen kommunikaationsa on kireää ja usein kärjistyy henkilökohtaisiksi hyökkäyksiksi.

Tiimin jakautuminen:

Tiimin jäsenet ovat alkaneet muodostaa pienempiä ryhmittymiä Merjan ja Tomin ympärille, mikä heikentää tiimin yhtenäisyyttä ja yhteistyökykyä.

Jotkut tiimin jäsenet välttelevät ottamasta kantaa ja pyrkivät pysymään neutraaleina, mikä lisää yleistä jännitettä.

Laskenut työmotivaatio ja tuottavuus:

Konflikti on johtanut laskeneeseen työmotivaatioon ja yleiseen tyytymättömyyteen tiimin keskuudessa.

Tiimin suorituskyky on heikentynyt, ja useat projektit ovat myöhässä tai laatu on laskenut.

Epävirallinen palaute:

Esihenkilö on saanut epävirallista palautetta muilta tiimin jäseniltä, jotka ovat huolissaan tiimin ilmapiiristä ja toivovat ratkaisua konfliktiin.

Työntekijät ovat ilmaisseet tuntevansa stressiä ja ahdistusta tiimissä vallitsevan jännitteen vuoksi.

Harjoitus:

Tilanteen kartoitus:

Mitä konkreettisia toimia teet ymmärtääksesi paremmin konfliktin taustat ja syyt?

Kuinka järjestät keskusteluja, joissa Merja ja Tomi voivat ilmaista tunteensa ja näkemyksensä rauhallisessa ja turvallisessa ympäristössä?

Miten varmistat, että saat kattavan kuvan konfliktin vaikutuksesta koko tiimiin ja tiimin ilmapiiriin?

Ratkaisukeskeinen lähestyminen:

Millaisia strategioita käytät konfliktin ratkaisemiseksi ja positiivisen työilmapiirin palauttamiseksi?

Kuinka kommunikoit konfliktin ratkaisutavat tiimillesi tavalla, joka herättää luottamusta ja ymmärrystä?

Mitä konkreettisia toimenpiteitä otat käyttöön edistääksesi rakentavaa vuorovaikutusta ja yhteistyötä Merjan ja Tomin välillä?

Seuranta ja tuki:

Mitä mittareita käytät seurataksesi konfliktin ratkaisun edistymistä ja tiimin ilmapiirin parantumista?

Kuinka säännöllisesti tarjoat palautetta ja tukea Merjalle, Tomille ja koko tiimille konfliktin ratkaisuprosessin aikana?

Miten varmistat, että vastaavia konflikteja ei synny uudelleen ja että tiimissä säilyy hyvä työilmapiiri?

Case: Uuden toimintamallin vastustaminen tiimissä

Organisaatiossa on otettu käyttöön uusi toimintamalli, joka edellyttää merkittäviä muutoksia työntekijöiden työskentelytapoihin ja -prosesseihin. Tämä uusi toimintamalli on suunniteltu parantamaan tehokkuutta ja laatua, mutta se vaatii työntekijöiltä uudenlaista ajattelua ja toimintatapojen uudistamista. Tiimin jäsenet ovat ilmaisseet huolta ja vastustusta muutosta kohtaan, ja ilmapiiri on kireä. Jotkut työntekijät ovat avoimesti kritisoineet muutosta, kun taas toiset ovat vetäytyneet hiljaisiksi ja välttävät osallistumista keskusteluihin.

Impulssit, joita esihenkilö havaitsee:

Avoin vastustus ja kritiikki:

Työntekijä Liisa on sanonut suoraan, että hän ei usko uuden toimintamallin toimivuuteen ja että se tulee vain lisäämään stressiä ja työtaakkaa.

Pekka on tuonut esiin kokouksessa useita kertoja, että vanha toimintamalli oli paljon parempi ja että uusi malli on hänen mielestään epäkäytännöllinen.

Passiivinen vastustus ja vetäytyminen:

Tiimissä on muutama työntekijä, kuten Anna ja Jari, jotka ovat vetäytyneet keskusteluista ja näyttävät välttelevän aihetta. Heidän aktiivisuutensa ja osallistumisensa on vähentynyt merkittävästi.

Työntekijöiden sitoutuminen kokouksiin ja työpajoihin, jotka liittyvät uuden mallin käyttöönottoon, on vähäistä. Useat työntekijät tulevat myöhässä tai eivät osallistu ollenkaan.

Laskenut työmotivaatio ja tehokkuus:

Esihenkilö on huomannut, että työntekijöiden työteho on laskenut. Useat työtehtävät ovat myöhässä ja työn laatu on heikentynyt.

Työntekijät näyttävät stressaantuneilta ja väsyneiltä, ja poissaolot ovat lisääntyneet.

Ryhmädynamiikan muutos:

Tiimin ilmapiiri on kireä ja yhteistyö on heikentynyt. Ryhmässä on syntynyt pienempiä klikkejä, jotka jakavat mielipiteitään muutoksesta.

Keskustelut, jotka aiemmin sujuivat avoimesti ja rakentavasti, ovat muuttuneet jännittyneiksi ja konflikteja vältellään.

Harjoitus:

Tilanteen kartoitus:

Mitä konkreettisia toimia teet ymmärtääksesi paremmin työntekijöidesi huolia ja vastustuksen syitä?

Kuinka järjestät keskusteluja, joissa työntekijät voivat ilmaista tunteensa ja ajatuksensa vapaasti ja turvallisesti?

Miten varmistat, että saat kattavan kuvan tiimisi mielialasta ja ilmapiiristä?

Ratkaisukeskeinen lähestyminen:

Millaisia strategioita käytät vähentääksesi vastustusta ja edistääksesi positiivista suhtautumista muutokseen?

Kuinka kommunikoit muutoksen hyödyt ja perustelut tiimillesi tavalla, joka herättää luottamusta ja ymmärrystä?

Mitä konkreettisia tuki- ja koulutustoimenpiteitä järjestät auttaaksesi työntekijöitä sopeutumaan uuteen toimintamalliin?

Seuranta ja tuki:

Mitä mittareita käytät seurataksesi työntekijöiden sopeutumista ja muutoksen etenemistä?

Kuinka säännöllisesti tarjoat palautetta ja tukea työntekijöillesi muutoksen aikana?

Miten varmistat, että työntekijöiden hyvinvointi ja työmotivaatio paranevat muutoksen myötä?

Kysymyksiä itsereflektointiin

Tässä on joukko kysymyksiä, jotka auttavat sinua reflektoimaan omaa osaamistasi ja profiiliasi lähiesihenkilönä. Näiden kysymysten avulla voit pohtia vahvuuksiasi, kehitysalueitasi ja tavoitteitasi esihenkilötyössä.

1. Itsetuntemus ja itsensä kehittäminen

Millaisia vahvuuksia sinulla on esihenkilönä, ja miten ne ovat auttaneet sinua menestymään roolissasi?

Mitkä ovat kolme keskeisintä kehitysaluetta, joissa haluaisit parantaa itseäsi esihenkilönä?

Miten varmistat, että pysyt ajan tasalla alan uusimmista kehityksistä ja parhaista käytännöistä?

2. Vuorovaikutus ja empatia

Kuinka hyvin mielestäsi kuuntelet tiimisi jäseniä? Voitko antaa esimerkin tilanteesta, jossa aktiivinen kuuntelusi oli erityisen hyödyllistä?

Miten osoitat empatiaa ja ymmärrystä tiimisi jäsenten haasteita kohtaan?

Millä tavoin pyrit parantamaan vuorovaikutusta ja viestintää tiimissäsi?

3. Palautteenanto ja vastaanottaminen

Milloin viimeksi annoit rakentavaa palautetta tiimisi jäsenelle? Miten hän reagoi siihen, ja mitä opit siitä tilanteesta?

Kuinka avoimesti vastaanotat palautetta omasta toiminnastasi, ja miten käytät saamaasi palautetta kehittyäksesi?

Millä tavoin luot tiimillesi ilmapiirin, jossa palautteen antaminen ja vastaanottaminen on turvallista ja kannustavaa?

4. Tavoitteiden asettaminen ja saavuttaminen

Miten asetat tavoitteita tiimillesi, ja kuinka varmistat, että ne ovat selkeitä ja mitattavissa olevia?

Kuinka autat tiimisi jäseniä saavuttamaan heidän henkilökohtaisia ja ammatillisia tavoitteitaan?

Voitko antaa esimerkin tilanteesta, jossa tiimisi saavutti merkittävän tavoitteen? Mitkä tekijät vaikuttivat onnistumiseen?

5. Konfliktien hallinta ja ratkaisu

Millä tavoin tunnistat ja käsittelet konflikteja tiimisi keskuudessa?

Voitko kertoa tilanteesta, jossa ratkaisusi auttoi ratkaisemaan konfliktin ja parantamaan tiimihenkeä?

Mitä opit tästä kokemuksesta, ja miten voisit soveltaa opittua tulevissa konfliktitilanteissa?

6. Muutoksen hallinta ja sopeutuminen

Miten valmistaudut johtamaan tiimiäsi muutostilanteissa? Voitko antaa esimerkin onnistuneesta muutoksenhallinnasta?

Kuinka tuet tiimisi jäseniä sopeutumaan muutoksiin ja näkemään ne mahdollisuutena kasvuun?

Mitä strategioita käytät vähentääksesi muutosvastarintaa tiimissäsi?

7. Tiimin kehittäminen ja tukeminen

Kuinka tunnistat tiimisi jäsenten yksilölliset kehitystarpeet ja tuet heidän ammatillista kasvuaan?

Voitko kertoa esimerkin siitä, miten autat tiimisi jäsentä saavuttamaan hänen uratavoitteensa?

Mitä käytäntöjä tai työkaluja käytät tiimin kehittämiseen ja tukemiseen?

8. Innovaatioiden ja luovuuden tukeminen

Miten kannustat tiimisi jäseniä olemaan innovatiivisia ja luovia työssään?

Voitko antaa esimerkin tilanteesta, jossa tiimisi jäsenen innovatiivinen ajattelu johti merkittävään parannukseen tai uuteen ratkaisuun?

Miten itse pysyt avoimena uusille ideoille ja ratkaisuille?

9. Luottamuksen ja turvallisuuden rakentaminen

Miten varmistat, että tiimisi jäsenet tuntevat olonsa turvallisiksi ja luottavat toisiinsa?

Voitko kertoa esimerkin siitä, kuinka olet rakentanut luottamusta tiimissäsi?

Mitä käytäntöjä olet ottanut käyttöön luottamuksen ja turvallisuuden vahvistamiseksi?

10. Valmentava ote johtamisessa

Miten sovellat valmentavaa johtamistyyliä päivittäisessä esihenkilötyössäsi?

Voitko kertoa esimerkin siitä, miten valmentava ote auttoi tiimisi jäsentä ratkaisemaan ongelman tai kehittymään ammatillisesti?

Mitä valmentavia tekniikoita ja kysymyksiä käytät tukeaksesi tiimisi itsenäistä ajattelua ja ongelmanratkaisua?

Loppusanat

Lähijohtaminen on enemmän kuin vain taitojen ja tietojen soveltamista; se on jatkuvaa oppimista, kasvua ja intohimoa työntekijöiden ja organisaation hyvinvoinnin edistämiseksi. Tämän oppaan tavoitteena on ollut tarjota sinulle käsitys lähijohtamisen keskeisistä osa-alueista ja käytännöistä.

Matka hyväksi lähijohtajaksi ei ole koskaan valmis. Työelämän muuttuessa ja kehittyessä myös johtamistaitojen on kehityttävä. Jatkuva oppiminen ja itsensä kehittäminen ovat avainasemassa, ja toivomme, että tämä opas on inspiroinut sinua etsimään uusia tietoja ja näkökulmia, jotka rikastuttavat omaa johtamistyyliäsi.

Rohkaisemme sinua kokeilemaan ja soveltamaan oppimaasi käytännössä. On tärkeää olla avoin uusille ideoille ja lähestymistavoille, ja tämä avoimuus voi johtaa merkittäviin parannuksiin sekä omassa toiminnassasi että tiimisi suoriutumisessa. Älä pelkää tehdä virheitä, sillä ne ovat arvokkaita oppimiskokemuksia, jotka voivat vahvistaa ja kehittää johtamistaitojasi entisestään.

Intohimo lähijohtamistyöhön syntyy, kun näet positiiviset vaikutukset, joita hyvä johtaminen voi tuoda mukanaan. Työntekijöiden kasvu, motivaation lisääntyminen ja tiimin menestys ovat palkitsevia saavutuksia, jotka kannustavat jatkamaan ja syventämään johtamistaitojasi. Muista, että jokaisella teollasi on merkitystä ja että sinä voit saada aikaan todellisen merkityksen ihmisten työelämässä.

Kannustamme sinua verkostoitumaan muiden esihenkilöiden kanssa ja jakamaan kokemuksia sekä oppeja. Yhteisöllisyys ja vertaistuki ovat arvokkaita resursseja, jotka voivat tarjota uusia näkökulmia ja ratkaisuja johtamistyön haasteisiin. Yhdessä voimme rakentaa vahvempia ja inhimillisempiä työyhteisöjä.

Lopuksi haluamme kiittää sinua siitä, että olet sitoutunut kehittämään itseäsi esihenkilönä ja olet valmis investoimaan aikaan ja energiaa tähän tärkeään tehtävään. Uskomme, että sinulla on kaikki edellytykset tulla entistäkin etevämmäksi lähijohtajaksi, joka inspiroi ja tukee tiimiään kohti yhteisiä tavoitteita.

Onnea ja menestystä johtamismatkallesi! Muista, että intohimo ja oppimisen halu ovat parhaat työkalusi menestyksen saavuttamiseksi.